El cuaderno

acompañante de

Los 7 pasos para
ser más feliz

El cuaderno
acompañante de
Los 7 pasos para
ser más feliz

DRA. ISABEL
GÓMEZ-BASSOLS

VINTAGE ESPAÑOL
Una división de Random House, Inc. • Nueva York

PRIMERA EDICIÓN VINTAGE ESPAÑOL, JULIO 2007

Copyright © 2007 por Isabel Gómez-Bassols

Biblioteca del Congreso de los Estados Unidos
Información de catalogación de publicaciones

Gómez-Bassols, Isabel.
El cuaderno acompañante de Los 7 pasos para
ser más feliz / Isabel Gómez-Bassols.—1. ed. Vintage Español.
p. cm.
ISBN 978-0-307-27658-2
1. Happiness—Textbooks.
I. Gómez-Bassols, Isabel. 7 pasos para ser más feliz. II. Title.
BF575.H27G652 2007
158.1—dc22
2007001322

Diseño del libro de Rebecca Aidlin

www.grupodelectura.com

Impreso en los Estados Unidos de América
10 9 8 7 6 5 4 3 2

DRA. ISABEL

El cuaderno acompañante de
Los 7 pasos para
ser más feliz

Conocida como "El Ángel de la Radio", la Dra. Isabel Gómez-Bassols es anfitriona en Univisión Radio del programa de consejos en línea "Doctora Isabel" y también es autora de cuatro bestsellers: *¿Dónde están las instrucciones para criar a los hijos?*, *Los 7 pasos para el éxito en el amor*, *Los 7 pasos para el éxito en la vida* y *Los 7 pasos para ser más feliz*. Ella también es columnista para la revista *Selecciones* del *Reader's Digest*. La Dra. Isabel reside en Miami, Florida.

OTROS LIBROS DE LA DRA. ISABEL GÓMEZ-BASSOLS

¿Dónde están las instrucciones para criar a los hijos?

Los 7 pasos para el éxito en el amor

Los 7 pasos para el éxito en la vida

Los 7 pasos para ser más feliz

*La canción de Gabriela: ¿Cómo me adapto
a un lugar nuevo?*

ÍNDICE

*El cuaderno
acompañante de*

Los 7 pasos para
ser más feliz

Capítulo uno

LA IMPORTANCIA DE LA FELICIDAD

¿Sabes que tienes el derecho a la felicidad? Pero para ser felices tenemos que cambiar ciertas costumbres, ideas y quizás mitos. Cada uno de nosotros ve el tema de la felicidad de manera diferente, y la definición sin duda cambia según la etapa de vida en la que nos encontremos.

Hace muchos años, mi interés en este tema me llevó a preguntarle a un grupo de personas en una reunión lo que les haría feliz. Muchos me dijeron dinero, querían ganarse la lotería. Cuando les pregunté qué harían con ese dinero, algunos confesaron que deseaban comprarse una casa, un auto, viajar... Otros dijeron que les gustaría compartirlo con los que no tienen, una vez llenadas sus propias necesidades. Aunque hubo muchas respuestas de ese tipo, otras personas, generalmente mujeres, deseaban ser amadas, respetadas, queridas, etc. Recibí muchas y variadas respuestas. La realidad es que el dinero, los bienes materiales y el amor no necesariamente nos dan esa felicidad que tanto ansiamos. ¿Por qué? Pues porque la vida nos da sorpresas. Y así como los hijos pueden no ser más felices por obtener más bienes materiales, la persona que queremos que nos ame puede un día dejar de interesarnos.

Todos sabemos que las cosas como el amor, el dinero o el éxito profesional son respuestas demasiado simples y que en realidad hay muchos factores que pueden cambiarnos lo que creemos que sería la vida ideal e inclusive causarnos tristeza. Muchos nos llevamos por la definición de felicidad que he puesto al principio de este capítulo. Pero si no logramos lo que deseamos, ¿estamos destinados a ser desdichados?

La verdadera pregunta es: ¿Por qué no nos enfocamos en algo específico para ser felices? ¿Por qué no decimos: "Mi meta es sentirme feliz, todos los días"? Quizás si cambiamos nuestro enfoque, nos preocuparíamos más por buscar y encontrar todas aquellas pequeñas cosas que suceden cada día y que nos causan felicidad. ¿Qué te parece esta idea? Te invito a que te embarques conmigo en esta búsqueda. Vas a cambiar tu vida… por una mejor.

Felicidad: estado de ánimo de la persona
que se siente plenamente satisfecha
por gozar de lo que desea
o por disfrutar de algo bueno.

DIARIO

Antes de comenzar este maravilloso camino a la felicidad, quisiera que te tomaras un momento para escribir un poco acerca de qué tan feliz te sientes en este momento al iniciar la lectura de este libro. ¿Qué es la felicidad para ti? ¿Qué suele hacerte feliz? ¿Qué te entristece? ¿Qué crees que necesitas para ser feliz? Reflexiona y escribe.

_____

_____

_____

_____

_____

_____

_____

_____

_____

_____

_____

Otra cosa que quiero que hagas a lo largo de este libro, es llevar un diario de emociones. Es decir, para cada día que te sientas a trabajar en tus 7 pasos para ser más feliz, quiero que anotes lo que has hecho en el día o la semana, las horas en que lo has hecho, y que anotes cómo te has estado sintiendo. Este ejercicio esencial te ayudará a observar cómo sube y baja tu estado de ánimo, al igual que qué factores te afectan y cuándo. Cada capítulo tendrá un diario un poco diferente, según el tema de ese capítulo. He aquí un ejemplo:

Día y hora	Qué está pasando alrededor	Cómo me siento	Mi nivel de felicidad (1-10)	Mi nivel de estrés/ ansiedad (1-10)
Lunes, 7 A.M.	Me estoy levantando para ir al trabajo	Ansioso y estresado	8	6
Miércoles, 5 P.M.	En el auto de regreso a casa	Tenso, con miedo de tener un accidente	5	9
Viernes, 8 P.M.	Se acabó la semana de trabajo	Agotado, deprimido	3	8

Nota: 1 = punto mínimo de felicidad/estrés/ansiedad, 5 = neutro, 10 = máximo

¡Ahora es tu turno! Haz tu diario de estados de ánimo.

Día y hora	Qué está pasando alrededor	Cómo me siento	Mi nivel de felicidad (1-10)	Mi nivel de estrés/ ansiedad (1-10)

EJERCICIO:
¿Cuán feliz eres?

Uno de los psicólogos más famosos que estudia la felicidad desarrolló esta breve prueba que mide tu felicidad. Se llama "La escala de la satisfacción con la vida" y fue desarrollada en el 1980 por Edward Diener, el fundador de los estudios acerca de la felicidad.

Lee las frases siguientes: ¿qué puntuación les darías en una escala del uno al siete?

1	2	3	4	5	6	7

No es cierto   Es más o menos cierto   Es totalmente cierto

Pregunta	Tu puntaje
1. Por lo general, mi vida es muy cerca de lo ideal.	_____
2. Las condiciones de mi vida son excelentes.	_____
3. Estoy satisfecha con mi vida.	_____
4. Hasta el momento, he obtenido lo que quiero en mi vida.	_____
5. Si podría vivir mi vida de nuevo, no cambiaría casi nada.	_____
TOTAL:	_____

Resultados:

31 a 35 puntos: Estás extremamente satisfecho con tu vida. La gente que obtiene estos resultados ama la vida y siente que las cosas andan muy bien. Tu vida no es perfecta, pero sientes que es tan buena como puede ser. Además, sólo porque estás satisfecho no significa que estés conforme. De hecho, crecer y asumir retos puede ser parte de la razón por la que estás satisfecho. La mayoría de las personas en este rango de alta puntuación, disfrutan la vida, y los grandes aspectos de sus vidas marchan bien: trabajo o escuela, familia, amigos, tiempo libre y desarrollo personal.

26 a 30 puntos: Estás satisfecho con tu vida. A la gente que obtiene este rango le gusta su vida y siente que las cosas van bien. Por supuesto la vida no es perfecta, pero sientes que todo está bien en su mayoría. Además, sólo porque estás satisfecho no significa que estés conforme. De hecho, crecer y asumir retos puede ser parte de la razón por la que estás satisfecho. La mayoría de las personas en este rango de alta puntuación, disfrutan la vida, y los grandes aspectos de sus vidas marchan bien: trabajo o escuela, familia, amigos, tiempo libre y desarrollo personal. Puedes obtener motivación por los aspectos en tu vida con los que no estás satisfecho.

20 a 25 puntos: Estás ligeramente satisfecho con tu vida. Tienes un resultado promedio. El promedio de satisfacción de vida en países económicamente desarrollados cae dentro de este rango. La mayoría de las personas están en general satisfechas, pero tienen algunas áreas donde quisieran una verdadera mejoría. Algunas personas entran en este rango porque están bastante satisfechas con la mayoría de aspectos en sus vidas, pero ven la necesidad de mejorar en cada área. Otras personas califican en este rango porque están satisfechas con la mayoría de aspectos en sus vidas, pero tienen una o dos áreas en las que quisieran ver una mejoría importante. Generalmente la gente que obtiene resultados en este rango tiene aspectos de sus vidas que necesitan mejorar, pero quisieran moverse a un nivel más alto haciendo algunos cambios en sus vidas.

15 a 19 puntos: Estás un poco insatisfecho o descontento con tu vida. Las personas que obtienen estos resultados tienen pequeños pero significativos problemas en varios aspectos de sus vidas, o tienen varios aspectos que están bien y un área que representa un problema sustanical para ellos. Si te moviste temporalmente a este nivel de satisfacción de un nivel más alto por algún evento reciente, las cosas generalmente mejoran con el tiempo y el nivel de satisfacción generalmente vuelve a subir. Por otra parte, si estás constantemente ligeramente insatisfecha con varias áreas de tu vida, algunos cambios son de rigor. A veces simplemente esperamos mucho, y a veces cambios en la vida son necesarios. Por esto, aunque la insatisfacción temporal es común y normal, un nivel continuo de insatisfacción en varios aspectos de la vida ameritan reflexión. Algunas personas pueden ganar motivación de un pequeño nivel de insatisfacción, pero a menudo, insatisfacción en varios aspectos de la vida es una distracción y no es placentero.

10 a 14 puntos: Estás insatisfecho o descontento con tu vida. Las personas que obtienen resultados en este rango están sustancialmente insatisfechas con sus vidas. La gente en este rango puede tener un número de áreas que no van bien, o una o dos áreas que van muy mal. Si las insatisfacciones de la vida son una respuesta a un evento reciente como un duelo, divorcio, o un problema significativo en el trabajo, probablemente regresarás con el tiempo a tu antiguo nivel de satisfacción más alto. Sin embargo, si los niveles bajos de satisfacción persisten después de un tiempo, entonces algunos cambios son de rigor, en actitud y patrones de pensamiento, y probablemente en actividades en la vida también. Bajos niveles de satisfacción en este rango, si persisten, pueden indicar que las cosas van mal y que cambios en la vida son necesarios. Además, una persona con bajos niveles de satisfacción en este rango, a veces no puede funcionar bien porque su infelicidad es una distracción. Hablar con un amigo, un miembro de la iglesia, un consejero, u otro especialista puede a menudo ayudar a empezar a moverse en la dirección indicada, aunque un cambio positivo depende de ti.

5 a 9 puntos: Estás extremadamente insatisfecho o descontento con tu vida. Las personas que obtienen este rango están usualmente extremadamente infelices con sus vidas. En algunos casos, esto es en reacción a un evento negativo como la muerte de un ser querido o desempleo. En otros casos la insatisfacción puede ser una respuesta a un problema continuo, como alcoholismo o adicción. Sin embargo, insatisfacción a este nivel es a menudo causada por múltiples áreas en la vida. Cualquiera que sea la razón para el bajo nivel de satisfacción en la vida, la ayuda de otros puede ser necesaria —consejería con un amigo, un familiar o un miembro de la iglesia, o ayuda de un psicólogo u otro consejero. Si la insatisfacción persiste, tienes que cambiar, y a menudo otros pueden ayudar. Habla con tu médico o contacta una organización de salud mental.

No te preocupes si tu puntuación fue baja. Quizás te enfocas demasiado en tus problemas y no lo suficiente en tus alegrías. Es decir, si en este momento te pido que me des una lista de tres cosas que te hicieron feliz hoy —tres eventos que te hayan hecho sentir agradecida— ¡te garantizo que encontrarías más de dos!

¡Uno de los secretos para encontrar la felicidad está en la búsqueda diaria como meta!

Hace unos años tuve el privilegio de conocer al Dalai Lama y sus monjes tibetanos en una conferencia internacional en Washington, DC. En ella, él explicó que aunque la felicidad es alcanzable, no es fácil de lograr. Todo lo que vale la pena cuesta, ¿no es cierto?

En el budismo, el Dalai Lama explica, hay varios niveles de satisfacción o felicidad: la abundancia o riqueza, la satisfacción terrenal, la espiritualidad y el estado sublime del esclarecimiento (*enlightenment*). Esa es la totalidad de la búsqueda de la felicidad individual.

Si dejáramos a un lado los factores de espiritualidad que son los dos últimos y nos concentráramos en cómo conseguir la alegría y la felicidad en nuestro mundo terrenal, los elementos que miraríamos son:

- la salud física

- las posesiones materiales

- las amistades

- las parejas

Aun cuando tenemos un buen estado de salud, ciertas posesiones materiales, algunas amistades y una pareja, hay veces que no nos sentimos satisfechos. ¿Por qué? Nos falta el estado mental para disfrutarlo. No podemos llegar a la meta de la felicidad si no tenemos la actitud mental adecuada. Por eso la importancia de los pensamientos positivos.

El poder de los pensamientos positivos

El secreto de la gente alegre es que ha aprendido a mantenerse alejados de la infelicidad. Todo radica en su forma de ver la vida, ya que optan por enfocarse en lo positivo y no en lo negativo. En la vida, hay *circunstancias,* y después hay *nuestras reacciones* a esas circunstancias. Quizás no podemos cambiar los eventos en nuestras vidas, pero sí podemos cambiar nuestro punto de vista con respecto a esos eventos. Podemos controlar nuestros pensamientos.

REFLEXIONA:
Cambio de enfoque

Recuerda una experiencia negativa o desagradable que te haya enojado y hecho sentir infeliz. Descríbela (puede ser algo tan simple como haber tenido que esperar demasiado tiempo en el banco, o una discusión con un compañero de trabajo). Piensa en cualquier cosa que te haya hecho sentir mal.

_____

_____

_____

_____

¿Cómo fue tu reacción? ¿Cómo te sentiste?

_____

_____

_____

_____

_____

¿Por qué crees que reaccionaste de una manera tan negativa?

_____

_____

_____

_____

¿Cómo podrías controlar tu reacción en el futuro para no dejar que las cosas o circunstancias te afecten de una manera excesivamente negativa?

_____

_____

_____

_____

Cuanto más feliz, mejor

Ser una persona feliz te traerá varios beneficios:

- La gente feliz goza de una mejor calidad de vida que los que no lo son.

- Viven mejor.

- Disfrutan más.

- Tienen más amigos.

- Tienen más oportunidades en la vida.

A la gente le gusta rodearse de gente alegre. ¿A ti no? ¿No hay una persona en tu trabajo a quien te gusta saludar porque siempre te responde con una sonrisa amistosa? ¿No hay un amigo a quien todos invitan a las fiestas porque cuenta unas anécdotas fabulosas? ¿Qué opina la gente de cada uno de ellos? "¡Qué alegre es!"

Decídete a ser una persona alegre.

La gente feliz alegra a los demás. Tiene un brillo que ilumina a los que se acercan.

REFLEXIONA:
La felicidad es contagiosa

Piensa en tres personas en tu vida que sean muy alegres (pueden ser familiares, vecinos, compañeros de trabajo, etc):

1) _____

2) _____

3) _____

¿Cómo son esas personas? ¿Qué tienen en común?

_____

_____

_____

_____

_____

¿Te gustaría ser más como ellos? ¿Por qué?

_____

_____

_____

_____

_____

Sonríe y ríe más: siembra la alegría

Haz una prueba. Cuando vayas hoy al mercado o al banco y te acerques a la cajera, sonríele amistosamente y dale los buenos días como si de verdad lo desearas. Dile con entusiasmo: "¡Buenos días!" Estoy segura de que el 90 por ciento de las veces a la cajera se le iluminará la cara, porque tu sonrisa le dará energía positiva. Te responderá con una sonrisa, no porque se sienta obligada, sino porque lo desea.

Casi siempre la gente responderá a una sonrisa verdadera. Y cada vez que te responden con una sonrisa, te dará energía.

El simple hecho de sonreírte a ti mismo, sin tomar cuenta de quién esté a tu alrededor, te hará sentir más feliz.

REFLEXIONA:
Sonríe y ríe más

Siéntate. Cierra los ojos y recuerda algo que te haya hecho sonreír o reír. Puede ser cualquier cosa. Lo importante es que lo recuerdes con lujo de detalles.

Probablemente estés sonriendo ahora al recordarlo. Disfrútalo. Siente cómo se tersa la piel de tus mejillas y los labios se te abren hacia los lados. Nota cómo te sientes mejor por dentro. Sin prisa alguna.

Al terminar, escribe a continuación: ¿Qué te hizo sonreír?

_____

_____

_____

_____

_____

¿Cómo te sentiste al recordarlo?

_____

_____

_____

_____

Y ahora, piensa en tres cosas más que te hayan hecho sonreír en los últimos días:

1. _____

_____

2. _____

_____

3. _____

_____

Haz una lista de las cosas que te hacen sonreír, y llévala siempre contigo. Trata de anotar algo nuevo por lo menos una vez al día. Mira tu lista por lo menos una vez al día, preferiblemente al despertar, y léela. Las anotaciones te harán sonreír. Y esa primera sonrisa te preparará para sonreír más a lo largo del día.

La jerarquía de necesidades

Es cierto que el hombre vive solamente para el pan,
cuando no hay pan. ¿Pero qué ocurre con los deseos
del hombre cuando hay un montón de pan y
cuando tiene la tripa llena crónicamente?

—*Abraham Maslow*

Existen ciertas necesidades que todos debemos satisfacer en nuestro camino hacia la felicidad. En 1954, el psicólogo Abraham Maslow publicó una teoría que exponía que todos los seres humanos experimentan una serie de cinco necesidades principales. Al satisfacer un nivel de necesidades, nos movemos al próximo de orden superior, como si estuviésemos subiendo una escalera.

En la gráfica siguiente se encuentra la jerarquía de necesidades de Maslow:

Autorrealización

Necesidades de estima

Necesidades de aceptación

Necesidades de seguridad

Necesidades fisiológicas

Necesidades fisiológicas: Éstas son la primera prioridad del individuo, relacionadas con su supervivencia física: la alimentación, el saciar la sed, el mantenimiento de una temperatura corporal adecuada, el dormir lo suficiente y el sexo.

Necesidades de seguridad: Éstas son relacionadas con el temor a perder el control. Están ligadas al miedo, al miedo a lo desconocido. Aquí encontramos la necesidad de estabilidad, la de tener orden y protección. Anhelamos la seguridad que nos proporciona una casa y una familia.

Necesidades de aceptación: También conocidas como las necesidades sociales. Éstas son relacionadas con la necesidad de compañía del ser humano, con su aspecto afectivo y su participación social. A nadie le gusta sentirse solo; queremos sentirnos aceptados como parte de un grupo. Clubes sociales, grupos religiosos, la familia e inclusive las pandillas pueden satisfacer esta necesidad.

Necesidades de estima, o reconocimiento: Esto incluye el amor propio —sentirse capaz y competente—, al igual que la atención y el reconocimiento que recibimos de otros. Toda persona tiene la necesidad de sentirse apreciado, tener prestigio y destacarse dentro de su grupo social.

La autorrealización: Esto, según las palabras de Maslow, es nuestra necesidad de "convertirnos en todo lo que somos capaces de ser". Cada uno de nosotros debe lograr hacer lo que nació para alcanzar; todos debemos realizar al máximo nuestro potencial propio. Como dijo Maslow, "El músico debe componer música, el artista debe pintar y el poeta debe escribir, si quieren vivir en paz consigo mismos".

Es muy importante saber que hay un propósito en la vida. Es importante tener esa creencia, llámale fe, de que tú fuiste creado para un propósito muy especial en este mundo. Es encontrar la razón de ser. En francés le llaman *la raison d'être*. Y al encontrar esa razón, puedes definirla como misión y eso te va a dar felicidad.

REFLEXIONA:
¿Cuáles son tus necesidades?

Ahora ponte a pensar, ¿cuáles de estas cinco necesidades has satisfecho? Describe cómo las has satisfecho:

Necesidades fisiológicas:

_____

_____

_____

_____

_____

Necesidades de seguridad:

_____

_____

_____

_____

_____

Necesidades de aceptación:

_____

_____

_____

_____

_____

Necesidades de estima:

_____

_____

_____

_____

_____

Autorrealización:

_____

_____

_____

_____

_____

Ahora pregúntate, ¿cuáles necesidades me faltan por desarrollar más? ¿Cómo puedo empezar a desarrollarlas?

Necesidades fisiológicas:

_____

_____

_____

_____

_____

Necesidades de seguridad:

_____

_____

_____

_____

Necesidades de aceptación:

_____

_____

_____

_____

Necesidades de estima:

_____

_____

_____

_____

_____

Autorrealización:

_____

_____

_____

_____

_____

Unas últimas palabras

La felicidad es un camino que se va construyendo poco a poco. Lo importante es que estés siempre atento a tus necesidades y a tus sentimientos. Recuerda que tú eres la única persona que sabe lo que es mejor para ti, y sólo tú puedes conseguirlo. Escucha tu corazón y no dejes de preguntarte, cada día de tu vida, qué puedes hacer para ser más feliz.

Capítulo dos

—⟣—

LA RAÍZ DE NUESTRAS EMOCIONES

PASO 1:

Reconoce las creencias que te atan

Las creencias son como filtros a través de los cuales percibimos la realidad en la que vivimos. Si nuestras creencias son más negativas de lo necesario, nuestra realidad también será más negativa de lo necesario. Pero si tus creencias son positivas, tu realidad también lo será. Para cambiar tu realidad e imbuirla de felicidad, lo primero que debes hacer es *cambiar tus creencias*.

Para cambiar una creencia, tenemos que dejar atrás la emoción que nutre esa creencia: esos temores, esas dudas que sustentan a la creencia y que posiblemente nacieron de una única experiencia negativa. Sin embargo, esa experiencia fue lo suficientemente dolorosa como para crearte esta creencia que aun hoy te genera un sinfín de emociones. A continuación encontrarás un diagrama que ilustra la conexión entre nuestras experiencias, nuestras creencias y nuestras emociones:

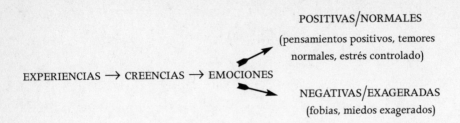

POSITIVAS/NORMALES
(pensamientos positivos, temores normales, estrés controlado)

EXPERIENCIAS → CREENCIAS → EMOCIONES

NEGATIVAS/EXAGERADAS
(fobias, miedos exagerados)

Las creencias son *tu versión* de la verdad, y no necesariamente la verdad en sí. Si nuestras creencias nos limitan en una manera u otra, haciéndonos creer que somos incapaces de hacer alguna cosa o ser feliz en general, nos será muy difícil realizar nuestros sueños y por lo tanto vivir una vida más feliz.

> *Para cambiar tu realidad*
> *e imbuirla de felicidad,*
> *lo primero que debes hacer*
> *es cambiar tus creencias.*

DIARIO

Antes de seguir con los ejercicios de este capítulo, tómate un momento para ver cómo te estás sintiendo hoy. ¿Hay algo en particular que te esté molestando?

_____

_____

_____

_____

_____

_____

_____

_____

_____

_____

_____

_____

_____

Ahora, utiliza la tabla que encontrarás a continuación para anotar tus estados de ánimo a diferentes momentos del día o de la semana. Después de haber terminado el capítulo, escribe en la última columna la creencia que nutre esa emoción. Para darte una idea, mira el ejemplo en la página 6.

Día y hora	Qué está pasando alrededor	Cómo me siento mi emoción	La creencia detrás de mi emoción

Tus creencias

Utilizando lo que acabas de aprender acerca de las creencias como guía, comienza a pensar en cuáles pueden ser algunas de tus creencias negativas.

Por lo general, una creencia empieza con la frase: "[Yo] soy…" o es algo que te pasa: "Nadie me quiere". Es un pensamiento o una opinión muy general que tienes acerca de ti mismo y de cómo ves tu vida. He aquí algunas de las creencias más comunes:

Creencia negativa	Categoría
"Soy inepto, inferior"	*Éxito*
"Nadie me quiere"	*Amor*
"No soy interesante, importante"; "Me siento solo"	*Aceptación*
"Nunca entiendo nada"; "Soy estúpido"	*Valor personal*
"Siempre hay peligro en mi alrededor"	*Seguridad*
"No hay nada que pueda hacer"	*Control*

Antes de comenzar a explorar las maneras en las que te hacen daño tus creencias, haz este ejercicio para identificar cuáles son.

Creencia negativa	Categoría

Analiza las huellas del pasado

Vamos a comenzar con la raíz de nuestras creencias: las experiencias negativas en nuestro pasado. Nuestras experiencias en la niñez forman una gran parte de nuestras creencias. Por lo general y por más que nos quieran, nuestros padres son los principales responsables de las creencias que nos afectan en la adultez.

Por ejemplo, consideremos el ejemplo de los padres que siempre les están gritando a sus hijos. Muy a menudo esto causa que los niños sientan temor a expresarse en voz alta. Se vuelven tímidos o, peor, se convierten en gritones en la adultez porque se criaron con la creencia de que la manera de ganar una discusión o de disciplinar a los hijos es con gritos.

En cambio, si los padres constantemente le dicen a su hijo que es inteligente y capaz, entonces lo van llenando de confianza. Ese niño crece con la creencia de que sí es capaz e inteligente, de que puede enfrentarse a lo que la vida le presente y de que puede ser exitoso. Buenas experiencias en la niñez sientan las bases para creencias positivas. Las malas experiencias, inevitablemente, generan creencias negativas.

REFLEXIONA:
Recordando tu pasado

Ahora, reflexiona sobre tu propia niñez. ¿Cómo fue la relación con tu padre? ¿Te daba aprobación y cariño, por ejemplo, o te hacía sentir inferior o incapaz?

_____

_____

_____

_____

¿Cuáles de tus creencias están basadas en esta relación?

_____

_____

_____

_____

¿Te gustaría cambiar algunas de estas creencias? ¿Por qué?

_____

_____

_____

_____

_____

¿Cómo fue la relación con tu madre? ¿Te hacía sentir querido? ¿Qué tal era la comunicación entre ustedes? Tómate un momento para recordar.

_____

_____

_____

_____

_____

¿Cuáles de tus creencias están basadas en esta relación?

_____

_____

_____

_____

_____

¿Te gustaría cambiar algunas de estas creencias? ¿Por qué?

_____

_____

_____

_____

_____

De todas tus experiencias de niñez, ¿cuál crees que fue la más difícil o dolorosa de explorar y sanar? ¿Por qué?

_____

_____

_____

_____

_____

Al hacer este ejercicio recuerda que como dice el dicho, "todo pasa". No importa cuán traumática o dolorosa haya sido una experiencia, con tiempo, paciencia y ayuda todo se puede sanar. Así que no te desanimes, ni pierdas esperanzas. Con sentarte a pensar en estas cosas ya has hecho un paso enorme hacia tu felicidad.

_____

*No importa cuán traumática o dolorosa haya
sido una experiencia; con tiempo, paciencia y ayuda
todo se puede sanar.*

_____

Repitiendo el patrón: de padre a hijo

Evidentemente, la mayor parte de nuestras creencias se forman en la niñez como consecuencia tanto de experiencias positivas como negativas. Una de las razones más importantes por las cuales todos debemos aprender a identificar las creencias dañinas en nuestras vidas es para que evitemos proyectarles esos mismos temores a nuestros hijos. Hay que romper las cadenas. A fin de romper las cadenas, haz este ejercicio para explorar lo que opinas sobre cada faceta de tu vida.

REFLEXIONA:
Las creencias

Basándote en lo que has descubierto anteriormente acerca de tus creencias, pregúntate: ¿Has tenido éxito alguno?

_____

_____

_____

_____

_____

¿Qué piensas de tu éxito? ¿Qué te ha llevado a él?

_____

_____

_____

_____

_____

Mira tus respuestas a las preguntas anteriores y pregúntate: ¿Cómo defi-
nirías tu éxito?

_____

_____

_____

_____

¿Qué piensas acerca de tus relaciones personales? ¿Te sientes querido?
¿Por qué? ¿Por qué no?

_____

_____

_____

_____

¿Qué opinas del dinero? ¿Te preocupas mucho por tus finanzas, o te gusta
ir de compras sin pensar en cómo va a afectar el presupuesto familiar?

_____

_____

_____

_____

_____

_____

¿Qué opinas de la salud? ¿Es importante para ti, o la mantienes en segundo plano?

_____

_____

_____

_____

¿Qué opinas del trabajo? ¿Te parece importante? ¿Te tiene sin cuidado?

_____

_____

_____

_____

¿Qué opinas sobre la espiritualidad? ¿Eres una persona espiritual? ¿Quisieras serlo?

_____

_____

_____

_____

_____

Si tienes hijos, ¿qué piensas de su bienestar? ¿A qué aspiras para ellos?

_____

_____

_____

_____

¿Qué opinas de ti mismo? Mirando tus respuestas a los ejercicios anteriores, ¿cuáles crees que son tus creencias más problemáticas? ¿Cuáles son las menos problemáticas?

_____

_____

_____

_____

¿Cómo te sientes acerca del mundo a tu alrededor?

_____

_____

_____

_____

_____

Reflexiona acerca de las preguntas anteriores y para cada respuesta, hazte las siguientes preguntas:

- ¿Cómo se originó esa creencia?

- ¿Quién dice que es cierta? (¿Qué persona influyó esa creencia?)

- ¿Por qué pienso eso? (¿Recuerdas las palabras de esa persona?)

Actitudes irracionales que alimentan las creencias

Al poseer una creencia negativa, tendemos a malinterpretar la realidad de modo que confirme esa creencia. Las siguientes actitudes irracionales ayudan a mantener vivas las creencias negativas que ya tenemos. Regresa a la lista de creencias que acabas de crear con el último ejercicio. ¿Algunas de tus creencias son negativas? ¿Crees que algunas de las siguientes actitudes irracionales o distorsiones contribuyen a que sigas teniendo esas creencias?

Maximización o Minimización: Exagerar los negativos y minimizar los positivos. Una forma muy común es el Catastrofismo: exagerar las consecuencias negativas de una situación hasta convertirla en algo terrible. Agravas tu propia situación en tu mente en vez de aliviarla. Por ejemplo, cuando no te dan tal empleo, dices, "nunca voy a encontrar empleo y me voy a quedar pobre y en la calle por el resto de mi vida".

Sobregeneralización / Evaluaciones globales de los seres humanos:
Si una persona comete un error, asumes que otras personas parecidas harán
lo mismo. Y en vez de juzgar las acciones o cualidades individuales de una
persona, formas una opinión muy generalizada de ellos. Por ejemplo, en
vez de decir: "Es inteligente y buena gente, aunque se olvidó de mi cumpleaños ayer", dices: "Se olvidó de mi cumpleaños; qué mal persona es".

Exigencias: Tener exigencias poco realistas, en vez de preferencias, es
fruto de un pensamiento inflexible y absolutista basado en necesidades en vez de deseos. Si esperas que todo salga exactamente a tu
manera, tendrás muchas experiencias decepcionantes que podrán pro-
ducir creencias negativas: "Tiene que ser así, de mi manera" o "La casa
siempre tiene que estar impecable" (aunque tienes cuatro hijos y dos
perros).

REFLEXIONA:
Actitudes irracionales

Estas actitudes irracionales agravan tus creencias actuales porque ayudan a
que se confirmen en tu mente. Analiza cómo esas actitudes te han afectado.

Piensa en un ejemplo de "catastrofismo". ¿Qué situación en tu vida has
interpretado de esta manera? ¿En últimas sucedió lo que te imaginabas?

¿En qué o con quién eres muy exigente, esperando que todo salga a la perfección, y muchas veces acabas sintiéndote decepcionado? ¿Crees que sufrirías menos si no fueras tan exigente?

_____

_____

_____

_____

Piensa en un ejemplo de una evaluación global que hayas hecho recientemente acerca de una persona. ¿Cómo fue la evaluación que hiciste? ¿Qué te hizo pensar de esta manera?

_____

_____

_____

_____

> *El verdadero éxito de la felicidad consiste en exigir*
> *mucho de sí mismo y muy poco de los demás.*
> *—Albert Guinon*

Reconocer la emoción detrás de la creencia

Cada vez que identifiques una creencia tuya, necesitas volver mentalmente a la experiencia que hizo nacer esa creencia; necesitas acordarte de la emoción que sentiste cuando ocurrió ese evento por primera vez.

EJERCICIO:
¿Qué se esconde detrás de tus creencias?

Para reconocer las experiencias y las emociones que se esconden detrás de tus creencias, te invito a que dibujes un diagrama como el que te mostré al principio del capítulo en la página 26; un diagrama que incluya la experiencia, la creencia que resultó de esa experiencia y las emociones y pensamientos que han resultado de esa creencia. Ejemplo:

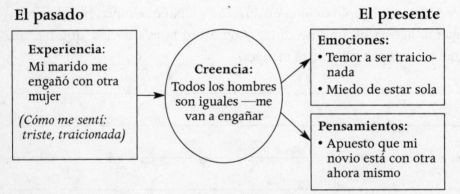

Ahora, haz lo mismo con tus propias creencias, cuantas veces sea necesario. Piensa en una creencia negativa que tengas, e identifica las emociones y la experiencia que se esconden detrás de esta creencia:

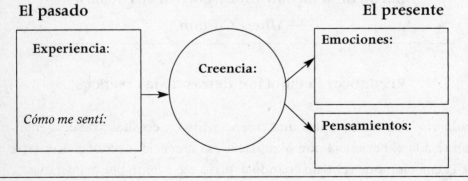

REFLEXIONA:
Tus creencias

¿Qué aprendiste con este ejercicio?

_____

_____

_____

_____

¿Cuáles son las experiencias que más te han afectado? ¿Por qué?

_____

_____

_____

_____

EJERCICIO:
Acuérdate

Recordar los episodios del pasado para analizarlos en el presente nos ayuda a cambiar nuestra reacción emocional a esas ocurrencias del pasado. Aquí tienes un ejercicio que te puede ayudar:

1. Cierra los ojos y relájate bien.

2. Acuérdate de un incidente de tu pasado que te haya molestado.

Describe el incidente:

_____

_____

_____

_____

_____

¿Cómo te sentiste en aquel entonces?

_____

_____

_____

_____

¿Qué creencia negativa sobre ti mismo surgió o se fortaleció con
este incidente?

_____

_____

_____

_____

Ahora visualízalo, con los mismos sentimientos y emociones. Empieza a ver qué sucede cuando revives esa situación en el presente. Por un lado está el tú que está en esa situación. Por el otro está el tú que está mentalmente observando la situación.

¿Qué observas? ¿Qué diferencias hay entre el tú del presente y el del pasado? ¿Cuál es más fuerte? ¿Cuál es más débil?

_____

_____

_____

_____

Este ejercicio es muy importante para que notes la diferencia entre
cómo te sentiste pasando por la experiencia y cómo te sientes obser-

vándolo. Porque una vez que te pongas a observar el evento, notarás que te sientes mejor. Mientras se llevaba a cabo el evento te sentiste preso de lo que ocurría; en el presente estás en control de las circunstancias, y las circunstancias se pueden cambiar. No necesitas aceptar que te traten así, que te digan cosas feas. No necesitas continuar creyendo que lo que te dijeron es cierto. Si tu papá te llamó un estúpido, puede que haya estado de mal humor e injustamente se desquitó contigo. Si tu novio te dice que estás gorda, tal vez te está celando y quiere controlarte con la táctica de hacerte sentir insegura.

Las personas con autoestima alta son más felices

La capacidad de poder ver una mala experiencia como algo circunstancial, y no como el resultado de una falla personal, tiene mucho que ver con el nivel de autoestima que se tiene. La autoestima es nuestra capacidad para amarnos y pensar de forma positiva.

Si lo que alguien te dice toca algo de tu ser o coincide con una percepción negativa que guardas sobre ti mismo, vas a reaccionar como si lo que esa persona te está diciendo fuera verdad. En vez de decir: "¿Por qué me dijo eso? ¿De dónde salió eso?", vas a pensar: "Es cierto".

Pero si tenemos la autoestima alta, es todo lo opuesto. Como sabemos dónde estamos parados, nuestra felicidad no está basada en la aceptación o aprobación de los demás. Es como si alguien te dijera: "Eres un marciano". Por supuesto que esto no lo tomarías mal pues sabrías que simplemente no es cierto. La autoestima la encontramos dentro de nosotros mismos. Es como una luz que llevamos por dentro que nos alumbra el camino y nos permite ver la realidad. Nos quita la oscuridad de experiencias malas en el pasado. Y, al poder ver y reconocer la realidad, nos permite ver y reconocer la verdadera felicidad.

EJERCICIO:
¿Cuál es tu nivel de autoestima?

El Dr. Morris Rosenberg desarrolló un questionario para determinar tu autoestima, y este ejercicio es el más utilizado y conocido en las evaluaciones de autoestima. Para determinar cuál es tu nivel de autoestima, contesta las siguientes preguntas:

1. Siento que soy una persona valiosa, por lo menos igual de valiosa que los demás.

   a) Estoy muy de acuerdo

   b) Estoy de acuerdo

   c) Estoy en desacuerdo

   d) Estoy muy en desacuerdo

2. Siento que tengo cierta cantidad de cualidades positivas.

   a) Estoy muy de acuerdo

   b) Estoy de acuerdo

   c) Estoy en desacuerdo

   d) Estoy muy en desacuerdo

3. A final de cuentas, tengo tendencia a pensar que soy un fracaso.

   a) Estoy muy de acuerdo

   b) Estoy de acuerdo

   c) Estoy en desacuerdo

   d) Estoy muy en desacuerdo

4. Soy capaz de hacer las cosas igual de bien que las demás personas.

   a) Estoy muy de acuerdo

   b) Estoy de acuerdo

   c) Estoy en desacuerdo

   d) Estoy muy en desacuerdo

5. Siento que no tengo mucho de qué sentirme orgulloso.

   a) Estoy muy de acuerdo

   b) Estoy de acuerdo

   c) Estoy en desacuerdo

   d) Estoy muy en desacuerdo

6. Tengo una actitud positiva hacia mí mismo.

   a) Estoy muy de acuerdo

   b) Estoy de acuerdo

   c) Estoy en desacuerdo

   d) Estoy muy en desacuerdo

7. En general, estoy satisfecho conmigo mismo.

   a) Estoy muy de acuerdo

   b) Estoy de acuerdo

   c) Estoy en desacuerdo

   d) Estoy muy en desacuerdo

8. Quisiera poder respetarme más a mí mismo.

   a) Estoy muy de acuerdo

   b) Estoy de acuerdo

   c) Estoy en desacuerdo

   d) Estoy muy en desacuerdo

9. Algunas veces me siento completamente inútil.

   a) Estoy muy de acuerdo

   b) Estoy de acuerdo

   c) Estoy en desacuerdo

   d) Estoy muy en desacuerdo

10. Algunas veces siento que no sirvo para nada.

   a) Estoy muy de acuerdo

   b) Estoy de acuerdo

   c) Estoy en desacuerdo

   d) Estoy muy en desacuerdo

Resultados:

1. *Para las preguntas 1, 2, 4, 6 y 7, los puntajes son:* a = 3, b = 2, c = 1, d = 0

2. *Para las preguntas 3, 5, 8, 9 y 10, los puntajes son:* a = 0, b = 1, c = 2, d = 3

Puntaje total: _____

Si tu puntaje está entre 25 y 30, te sientes muy seguro de ti mismo. Si está entre 15 y 25, se considera que tienes un nivel normal de autoestima. Si tu puntaje está por debajo de 15, quiere decir que tu autoestima está demasiado baja, ¡y tienes que hacer algo al respecto! Sigue leyendo que te voy a mostrar muchas maneras diferentes de ir aumentando tu autoestima.

La autoestima es como una luz que llevamos por dentro que nos alumbra el camino.

Tenemos que conocernos mejor

Si identificas tus emociones negativas, puedes reconocer las creencias que te atan en tu interior. Para proteger tu autoestima y evitar formar creencias negativas, necesitas tener conocimiento propio para poder reconocer lo que te hace daño; lo que te baja la autoestima y te hace menos feliz. Al observarte, puedes darte cuenta de qué cambios tienes que hacer en tu vida.

Si no sabemos quiénes somos, no tenemos ninguna base para distinguir entre lo que nos hace daño y lo que nos hace felices. Por ejemplo, cuando uno quiere cambiar el comportamiento de un niño, primero se necesita tener lo que se le llama un punto de referencia. Tienes que saber cómo se comporta el niño normalmente para realmente evaluar cuánto cambia su comportamiento al alterarse o molestarse. Semejantemente, los adultos tenemos que cuestionarnos a nosotros mismos para encontrar nuestro punto de referencia.

REFLEXIONA:
Encuentra tu punto de referencia

Para encontrar tu propio punto de referencia, hay una serie de reflexiones que puedes hacer:

¿Cómo te comportas cuando estás solo? ¿Qué te gusta hacer? ¿Cuáles cosas te hacen sentir tranquilo y en paz?

_____

_____

_____

_____

_____

Escribe por lo menos diez situaciones en las que te sientes bien.

1. _____
2. _____
3. _____
4. _____
5. _____
6. _____
7. _____
8. _____
9. _____
10. _____

¿Cuáles son las cosas o situaciones que te hacen sentir mal? ¿Cuáles te hacen sentir ira?

_____

_____

_____

_____

_____

¿Cómo te comportas cuando te encuentras en una situación desagradable? ¿Te pones a la defensiva o tiendes a exhibir un comportamiento agresivo?

_____

_____

_____

_____

_____

¿Cómo eres en tus relaciones? ¿Eres tímido o más bien amigable? ¿Cariñoso o distante?

_____

_____

_____

_____

¿Cómo te comportas en el trabajo? ¿Sueles mantener la situación bajo control, o te desestabilizas fácilmente? ¿Dependen tus compañeros de ti o dependes tú de ellos?

_____

_____

_____

_____

¿Cómo te comportas en casa? ¿Eres diferente que en el trabajo o en una situación social? ¿Te sientes más o menos cómodo que en cualquier otro lugar?

_____

_____

_____

_____

_____

Al hacer este tipo de evaluación nos empezamos a encontrar con nuestra realidad. La observación propia te lleva a reconocer tu realidad; te ayuda reconocer lo que te hace feliz y lo que te frena la felicidad. Si cuando estás solo, sin tu pareja, te sientes más feliz, eso es una respuesta a muchas preguntas.

Piensa en otras creencias y situaciones que forman parte de tu realidad, y escribe acerca de ellas. ¿Qué otras cosas te hacen feliz? ¿Qué te frena en tu camino hacia la felicidad?

¿Qué te hace feliz?	¿Qué te frena la felicidad?
_____	_____
_____	_____
_____	_____
_____	_____
_____	_____
_____	_____
_____	_____

Analiza las siguientes áreas de tu vida y piensa en qué quisieras cambiar, qué quisieras aprender y qué quisieras fomentar.

- Aspectos emocionales y psicológicos
- Aspectos financieros y económicos
- Relaciones familiares y sociales
- Metas educacionales, intelectuales, profesionales
- Estado de salud
- Crecimiento espiritual
- Crecimiento creativo
- Momentos de diversión y de descanso

Unas últimas palabras

Estas son las preguntas que necesitamos hacernos para comprender quiénes somos. Al entendernos mejor y analizar lo que podemos hacer para sentirnos mejor de nosotros mismos, nos daremos cuenta de que todas nuestras creencias negativas no son más que opiniones que se pueden cambiar. Así vas enfrentándote a situaciones en tu vida con la cara en alto, y la próxima vez que te ocurra una mala experiencia, sabrás dejar que te resbale en vez de asumir que se trata de un defecto tuyo. Ya no sentirás el impulso de recurrir a creencias dañinas, lo cual te permitirá liberarte y alcanzar más felicidad en tu vida.

Si vives tu vida desde la suposición de que no hay nada de malo contigo, siempre encontrarás que las faltas se encuentran en las circunstancias y no en ti mismo.

Capítulo tres

◆ ◆

LOS ENEMIGOS PRINCIPALES: ESTRÉS, TEMOR Y ANSIEDAD

PASO 2:
Identifica las emociones que te hacen daño

La manera en que enfrentamos nuestras vidas —no sólo a través de las creencias que desarrollamos, sino también a través de nuestra autoestima y los pensamientos diarios que tenemos— indudablemente afecta la capacidad que tenemos de ser felices.

Sin embargo, existe también una serie de obstáculos externos que nos pueden impedir lograr la paz y serenidad que tanto anhelamos. Éstos pueden ser una persona, una cosa o un ambiente particular que, por una razón u otra, nos provoca una reacción emocional que nos hace daño. Las reacciones emocionales más comunes son el estrés, el temor y la ansiedad, dependiendo de la situación.

En esta sección, quiero que juntos aprendamos a identificar estas emociones dañinas y a eliminarlas de nuestras vidas. Pero antes de aprender exactamente en qué consisten estas emociones negativas y cómo aniquilarlas, tómate un momento para pensar en cómo te estás sintiendo en este momento en particular.

DIARIO

¿Cómo te sientes hoy? ¿Feliz? ¿Triste? ¿Preocupado? ¿Estresado? Describe tus sentimientos, intentando diferenciar los positivos de los negativos. ¿Cuándo fue la última vez que tuviste un pensamiento negativo? Escribe y reflexiona.

_____

_____

_____

_____

_____

_____

_____

_____

_____

_____

_____

_____

Ahora, utiliza la tabla que encontrarás a continuación para anotar tus estados de ánimo a diferentes momentos del día o de la semana. Para darte una idea, mira el ejemplo en la página 6.

Día y hora	Qué está pasando alrededor	Cómo me siento	Mi emoción: estrés, ansiedad o temor? Nivel (1–10)?	¿Qué hice para ayudarme?	¿Cómo me sentí después?

LOS ENEMIGOS PRINCIPALES: EL ESTRÉS

El estrés es un cansancio, un agobio mental y emocional provocado por la necesidad de completar una tarea bajo condiciones más extremas de lo normal. Es la reacción que tenemos a una situación difícil en la cual estamos bajo una presión insólita. Físicamente, el estrés se manifiesta de las siguientes maneras: la respiración se acelera, los músculos se tensan, el pulso cardíaco se acelera y la mente empieza a funcionar a mil por hora, o por el contrario se cierra por completo. Algunas situaciones que te pueden provocar estrés son:

- Cuando vas tarde para una reunión importante y estás parado en tráfico

- Cuando tienes mucho trabajo por hacer pero no tienes suficiente tiempo para hacerlo

- Cuando sientes que necesitarías estar en todos lados a todas horas para poder cumplir con todas tus responsabilidades

- Cuando no puedes hacer algo de la manera en que quisieras hacerlo, por falta de tiempo

EJERCICIO:

Cuando estoy estresado, ¿qué síntomas presento?

En la lista a continuación, marca con una X lo que sientes o experimentas cuando te encuentras en una situación estresante.

¡Atención!

Aunque algunos de los síntomas listados a continuación pueden ser causados por el estrés, también pueden ser condiciones preexistentes que se agravan con el estrés. Hay un sinnúmero de enfermedades que pueden resultar en los siguientes síntomas, y por eso es importante que consultes con un médico si tienes estos síntomas durante un período de tiempo prolongado.

Síntomas físicos

☐ Presión sanguínea alta

☐ Irregularidad del pulso cardíaco

☐ Palpitaciones

☐ Dolores de cabeza, migrañas

☐ Dolores de pecho

☐ Dolor en la espalda, el cuello, los hombros o la mandíbula

☐ Problemas de digestión: acidez, indigestión, diarrea, estreñimiento, retortijones

☐ Boca seca

☐ Manos sudorosas, manos o pies fríos

☐ Problemas de la piel: sarpullido, picazón, soriasis, ronchas

☐ Necesidad frecuente de orinar

☐ Supresión del sistema inmunológico: catarro, la gripe, infecciones

☐ Disminución del libido

☐ Cambios drásticos de peso

☐ Dificultad en conciliar el sueño

☐ Cansancio, fatiga, letargo

☐ Caída excesiva del cabello

☐ Asma o dificultad al respirar

☐ Mariposas en el estómago

Síntomas emocionales

☐ Nerviosismo y ansiedad

☐ Irritabilidad, impaciencia, ira, hostilidad

☐ Dificultad para concentrarse

☐ Lapsos de memoria

□ Pensamientos intrusivos

□ Sensación de agobio

□ Tendencia a comerse las uñas

□ Aumento en el consumo de alcohol y drogas

Síntomas relacionados

Si vives en una situación de mucho estrés, esto puede afectar tu comportamiento y tus relaciones familiares, amistosas o de trabajo. Es posible que sufras de estrés si:

□ Cambias de trabajo frecuentemente

□ Evitas situaciones y actividades sociales

□ Tienes tendencia a entrar en conflicto fácilmente con familiares, amigos o colegas

□ Reaccionas a hechos o eventos de manera exagerada

REFLEXIONA:
El estrés en tu vida

Tómate un momento y mira con cuidado la lista que acabas de hacer.

¿Hay algún tipo de síntoma que tienes más que otros? ¿El estrés te afecta más físicamente o emocionalmente? ¿O quizás afecta más tu comportamiento? Fíjate si hay un área en la que te afecte más que otras, e intenta explicar por qué.

_____

_____

_____

_____

Ahora que sabes cómo te afecta el estrés, detente un momento a pensar: ¿En qué formas sientes que el estrés afecta tu vida diaria? ¿Hay cosas que te cuesta más trabajo hacer? ¿Cómo afecta tus relaciones personales? ¿Tu trabajo? ¿La relación con tu familia?

_____

_____

_____

_____

¿Cuáles son los rasgos de tu personalidad que crees que te llevan a sentir estrés?

_____

_____

_____

_____

No trates sólo los síntomas, sino la causa

Ahora que ya has descubierto los síntomas que te genera el estrés, intentemos llegar a la raíz del problema, y encontrar qué es lo que te lo provoca.

Todo el mundo siente estrés, y es perfectamente normal sentirse afectado de vez en cuando. *Nadie* —absolutamente nadie— es totalmente inmune contra el estrés. Es sólo que ciertas personas lo saben manejar mejor que otras. De eso se trata este libro: no es cuestión de aprender a eliminar el estrés (eso no es posible), sino de aprender a *manejar* el estrés. Cada uno de nosotros tiene un nivel de tolerancia al estrés diferente, y con este capítulo yo intento elevar tu nivel de tolerancia para que te sientas menos agobiado.

El estrés puede ser causado por un sinnúmero de situaciones, como por ejemplo las que mencioné en la página 57. Sin embargo, las tres causas más comunes del estrés son:

1. El perfeccionismo

2. Un ritmo de vida acelerado

3. La incomodidad y lo desconocido

Estas tres causas del estrés tienen un factor en común: el sentimiento de pérdida del control. Por lo general nos da estrés cuando sentimos que no podemos controlar una situación. Por ende, si quieres controlar tus alrededores para que todo sea perfecto (y casi nada lo es), sentirás estrés. Si quieres controlar tus días para que puedas siempre cumplir con todas las actividades que te has propuesto, sentirás estrés. Y si no te gusta enfrentar ambientes o actividades nuevas por temor a no saber qué hacer o no estar en control, sentirás estrés. En las siguientes páginas, hablaré de cada causa en más detalle.

1. El perfeccionismo: Las personas perfeccionistas sienten una constante necesidad de tenerlo todo bajo control. No conciben la idea de cometer un error frente a los demás y jamás están satisfechos con lo que hacen. Quiero aclarar que aquí no me refiero al tipo de perfeccionismo que busca la excelencia en el buen sentido de la palabra. Si no existiera una dosis de perfeccionismo *positivo* en el mundo, ¿qué sería de nosotros? Me refiero al tipo de perfeccionismo que obsesiona tanto a un individuo que le impide crecer y aceptar el mundo que lo rodea.

EJERCICIO:
¿Eres perfeccionista?

1. Tiendes a compararte con los demás, y encuentras que eres inferior (eres menos divertido, no tienes tanto dinero, no eres tan atractivo, etc).

   ☐ Sí   ☐ No

2. No puedes salir de la casa hasta que te veas perfecto.

   ☐ Sí   ☐ No

3. No terminas tus trabajos a tiempo porque nunca llegan a la perfección.

   ☐ Sí   ☐ No

4. Sientes que no estás contento con tus acontecimientos, que nunca logras lo suficiente para ti o tu familia, aunque haces un gran esfuerzo.

   ☐ Sí   ☐ No

---

5. Piensas que si no das el 100 por ciento de tus esfuerzos a una tarea, no hay manera que vas a tener éxito.
□ Sí   □ No

6. Tienes temor de hacer algo porque te puedes equivocar. Y si te equivocas, es el fin del mundo.
□ Sí   □ No

7. Aunque la mayoría de las cosas en tu vida van bien (tienes una buena relación, tu familia tiene buena salud, etc.), no es suficiente para hacerte feliz.
□ Sí   □ No

8. No vale la pena hacer algo a menos que seas perfecto o el mejor.
□ Sí   □ No

9. Eres exigente con los demás y cuando no cumplen su deber cien por cien, te enojas.
□ Sí   □ No

10. Piensas de que hay solo una buena manera de hacer las cosas.
□ Sí   □ No

Si respondiste "sí" la mayoría de las veces, eres demasiado perfeccionista.

REFLEXIONA:
Las áreas de tu vida

¿En qué áreas particulares de tu vida sientes que eres perfeccionista?

Profesional   Social   Familiar

¿Hay algún área en el que sientes que tu perfeccionismo te ayuda de manera positiva? ¿En cuál(es) y por qué?

_____

_____

_____

_____

¿En cuáles sientes que tu perfeccionismo tiene un efecto negativo sobre tu vida y la vida de otros? ¿Por qué?

_____

_____

_____

_____

¿Qué parte de tu perfeccionismo te gustaría cambiar? ¿Qué parte te gustaría guardar?

_____

_____

_____

_____

Ser perfeccionista no es un pecado. Hasta cierto grado es bueno querer que las cosas sean de cierta manera porque tienes energía y motivación para hacer las cosas bien. Sin embargo, no puedes dejar que te lleve a un extremo en el que te cause estrés y que te paralice. Una manera de lidiar con el perfeccionismo en un extremo es de identificar las creencias y actitudes irracionales que causan el perfeccionismo, las cuales mencionamos en el Capítulo 2. También tienes que lidiar con los temores de fracaso que tienes, y vamos a hablar de los temores más adelante en este capítulo.

2. Un ritmo de vida acelerado: Otra posible causa de estrés es si llevas un ritmo de vida muy agitado. Si siempre estás corriendo y quisieras alcanzar a hacer en un día lo que realmente deberías tardar una semana en hacer, estás teniendo expectativas irreales, y esto te puede causar estrés.

EJERCICIO:
¿Qué tan acelerado vivo?

Responde a las siguientes preguntas con la afirmación que más te convenga.

1. Tengo unos minutos libres antes de entrar a mi próxima reunión. Decido:

    A. Releer mis notas, y asegurarme de que no se me escapa nada.

    B. Revisar mi e-mail mientras leo el periódico en línea; ¡esta mañana no tuve tiempo de hacerlo!

    C. Tomarme un momento para vaciar mi mente e intentar relajarme antes de entrar a la reunión.

2. Es hora de almuerzo y tengo la hora libre. Decido:

    A. Comprarme algo en la calle y regresar a comérmelo en mi escritorio mientras termino de escribir el informe que tengo que entregar mañana.

    B. Comerme algo rápido en el restaurante de al lado; no puedo dejar la oficina desatendida por mucho tiempo.

    C. Salir de la oficina a comer, y luego darme un paseo por el barrio: la hora de la comida es sagrada.

3. Recibo dos invitaciones para ir a cenar después de un día largo en el trabajo. Yo:

    A. Ceno con un amigo a las 7:00 P.M. y acompaño al otro a las 8:30 P.M.

B. Acepto sólo una de las invitaciones y luego aprovecho para organizar toda la casa —hace tiempo que no lo hago.

C. Le digo "mejor otra noche" a ambos amigos y me voy a casa a darme un baño largo y relajante.

4. Cuando me voy de vacaciones, tiendo a:

A. Hacer un cronograma específico —hora por hora— de todas las actividades que voy a hacer: no quiero desperdiciar un minuto de mi tiempo libre.

B. Visitar los lugares de interés en las mañanas y las tardes las dejo para ir de compras y pasear por ahí.

C. Buscar un lugar donde pueda de verdad descansar y no hacer nada.

5. Mientras miro televisión, suelo:

A. Leer el periódico mientras veo mi programa preferido.

B. Organizar la casa durante los comerciales.

C. Dejar que mi mente divague durante los comerciales.

Si respondiste "A" a la mayoría de las preguntas, vives demasiado acelerado. Trata de detenerte un poco, y permitirte a ti mismo estar aburrido de vez en cuando.

Si respondiste "B" a la mayoría de las preguntas, a veces logras relajarte, pero tiendes a querer vivir tu vida más rápido de lo necesario. Tómalo con más calma, y date tiempo para descansar de vez en cuando.

Si respondiste "C" a la mayoría de las preguntas, no tienes de qué preocuparte: sabes perfectamente lo que necesitas hacer para relajarte, y no desperdicias una ocasión.

REFLEXIONA:
¿Tu vida es demasiado acelerada?

¿Cuáles son los momentos del día en los que te sientes más acelerado?

_____

_____

_____

_____

_____

¿Qué crees que puedes hacer para evitarlos?

_____

_____

_____

_____

_____

Si llevas un ritmo de vida demasiado acelerado, es importante que recuerdes que en últimas eres tú quien impones el ritmo, nadie más. Intenta incorporar ciertos momentos de quietud en tu vida diaria (antes de una reunión, recién llegues a la casa, por la mañana cuando te levantas…) y verás cómo irá bajando tu nivel de estrés.

3. La incomodidad y lo desconocido: Muchas veces el tener que enfrentarnos a lo desconocido nos hace sentir incómodos. El primer día en un trabajo nuevo, una cita médica, tener que hablar en público… son todas situaciones que nos pueden hacer sentir incómodos. A su vez esta incomodidad, cuando se prolonga por un período extendido de tiempo, puede llegar a generar estrés ya que todos preferimos hacer las cosas que conocemos y las que sabemos que podemos hacer bien. Algunas tareas que pueden hacernos sentir incómodos son:

- Llamar por teléfono a una persona que no conocemos
- Tener que aprender un idioma nuevo
- Hablar en público
- Mudarse a un lugar nuevo

REFLEXIONA:
¿Qué me causa incomodidad?

Tómate un momento para evaluar detenidamente cada área de tu vida y hazte las siguientes preguntas:

En el último año, ¿qué tareas desagradables he tenido que hacer que me han causado estrés?

En lo profesional: _____

_____

_____

_____

En lo social: _____

_____

_____

_____

_____

En lo familiar: _____

_____

_____

_____

_____

¿Cómo enfrenté cada una de las tareas?

En lo profesional: _____

_____

_____

_____

En lo social: _____

_____

_____

_____

_____

En lo familiar: _____

_____

_____

_____

_____

Mirando la situación en retrospectiva, ¿qué hubiera podido hacer de manera diferente para evitar que la experiencia fuera desagradable o estresante?

En lo profesional: _____

_____

_____

_____

_____

En lo social: _____

_____

_____

_____

_____

En lo familiar: _____

_____

_____

_____

_____

¿Qué aprendí de haber tenido que hacer algo que me causaba incomodidad? ¿Me impactó de manera positiva o negativa?

En lo profesional: _____

_____

_____

_____

_____

En lo social: _____

_____

_____

_____

_____

En lo familiar: _____

_____

_____

_____

_____

_____

*Nadie —absolutamente nadie— es totalmente
inmune al estrés.*

_____

El estrés en tu vida

Ahora que conoces las tres causas principales del estrés y que has determinado si te afectan o no, veamos si conseguimos identificar lo que provoca *tu* estrés. Hay un sinnúmero de elementos que pueden ayudar a causarnos estrés, así que tómate un momento para rellenar esta tabla y preguntarte qué podrías hacer para aliviar tu propio estrés.

REFLEXIONA:
El estrés en las tres áreas de tu vida

Vuelve a leer lo que has escrito en tus diarios hasta ahora. ¿Cuáles son las cosas que más te preocupan o te causan estrés? ¿Cómo sueles reaccionar ante ellas?

_____

_____

_____

_____

_____

_____

Continúa estudiando tu diario y hazte las siguientes preguntas:

En mi vida profesional…

¿Cuándo siento estrés?

_____

_____

_____

_____

_____

¿Qué palabras, personas o eventos me provocan este estrés?

_____

_____

_____

_____

_____

¿Qué podría hacer para aliviar mi estrés?

_____

_____

_____

_____

_____

En mi vida social…

¿Cuándo siento estrés?

_____

_____

_____

_____

_____

¿Qué palabras, personas o eventos me provocan este estrés?

_____

_____

_____

_____

_____

_____

¿Qué podría hacer para aliviar mi estrés?

_____

_____

_____

_____

En mi vida familiar…

¿Cuándo siento estrés?

_____

_____

_____

_____

_____

¿Qué palabras, personas o eventos me provocan este estrés?

_____

_____

_____

_____

_____

_____

¿Qué podría hacer para aliviar mi estrés?

_____

_____

_____

_____

_____

_____

Vuelve a leer tus tres respuestas a la pregunta "¿Qué podría hacer para aliviar mi estrés?". Esta es la parte más importante de todas, porque te ayudará a comprender que no importa cuán estresado te estés sintiendo, todo tiene una solución.

Por supuesto que es importante identificar lo que causa tu estrés, pero si no tomas el paso adicional de encontrar lo que lo puede curar, nada va a cambiar. Yo puedo ayudarte a descubrir cuándo y por qué te da estrés, pero sólo *tú* puedes seguir los pasos necesarios para aliviarlo.

Recuerda que *todo tiene solución,* y de nada sirve quedarte callado. El primer paso para aliviarte del estrés que estás sintiendo es *aceptarlo.* El segundo es preguntarte: "¿Por qué me siento así?". Y el tercero es preguntarte: "¿Qué puedo hacer para solucionar el problema?". Estos tres pasos sencillos harán un mundo de diferencia en cuanto te decidas a aplicarlos.

LOS ENEMIGOS PRINCIPALES: TEMORES Y ANSIEDADES

Otros obstáculos externos que pueden impedirnos el camino a la felicidad que tanto anhelamos son los temores y las ansiedades. Los temores son miedos a peligros que podemos identificar y definir, mientras que la ansiedad es un miedo más abstracto que puede ocurrir en el transcurso de una situación, o en anticipación a una situación.

Es absolutamente normal sentir miedo o ansiedad, y hasta saludable en algunas situaciones en las que te hace reaccionar de manera drástica cuando estás en peligro. Pero una ansiedad excesiva, como los ataques de ansiedad o de pánico son señales de que tienes un temor irracional. Algunos ejemplos de temor o ansiedad son:

Temores

"Tengo miedo a hablar en público".

"Le tengo miedo a las alturas".

"Me da miedo volar en avión".

"Me dan susto las arañas".

Ansiedades

"Tengo un examen mañana, y no sé si me va a ir bien".

"Es mi primer día de trabajo. No sé si les guste lo que hago".

"Mañana me voy de viaje a la China. No tengo ni idea de lo que me espera".

Si de verdad deseas algo y estás preparado a trabajar
duro para lograrlo, entonces, poco a poco,
uno a uno, los milagros comenzarán.

—Juan "Chi-Chi" Rodríguez

EJERCICIO:

¿Qué síntomas de ansiedad presento?

Marca lo que sientes o experimentas cuando te pones ansioso para comenzar a explorar tu reacción a peligros, ya sean peligros definidos o más abstractos.

Síntomas de una ansiedad razonable:

- ☐ Nerviosismo

- ☐ Dolor de cabeza, mareo

- ☐ Tensión corporal

- ☐ Cansancio, fatiga

- ☐ Sentido general de aprensión

Síntomas de una ansiedad excesiva:

- ☐ Problemas con el estómago: náusea, vómitos, diarrea

- ☐ Latidos cardíacos irregulares

- ☐ Miedo injustificado a cosas o situaciones

- ☐ Aislamiento del mundo

- ☐ Temblores, tics nerviosos

- ☐ Sudación

- ☐ Dificultad en conciliar el sueño

☐ Falta de respiración

☐ Comportamientos rituales

☐ Pensamientos intrusivos de experiencias traumáticas del pasado

☐ Preocupación constante que te llega a dominar la vida

(Recuerda que hay un sinnúmero de enfermedades que pueden resultar en estos síntomas físicos. Por esta razón, es importante que consultes con un médico para el tratamiento de algunos desordenes físicos, como las úlceras y la presión alta.)

REFLEXIONA:
Tu ansiedad

¿Qué piensas de tus respuestas? ¿Te sorprende? ¿Creías que algunos de estos síntomas estaban relacionados con la ansiedad? Reflexiona acerca de lo que significa tus síntomas, y cómo se ve reflejado en la forma en la que vives tu vida.

_____

_____

_____

_____

_____

_____

_____

_____

Reflexiona sobre otros momentos de tu vida en los que has sentido una ansiedad similar a la que sientes ahora. ¿Qué estaba sucediendo en tu vida en ese entonces?

_____

_____

_____

_____

_____

¿Qué aspectos de tu vida eran los que te estaban causando esa ansiedad?

_____

_____

_____

_____

_____

Hazte la misma pregunta acerca de tu vida ahora. ¿Qué crees que te está causando ansiedad en este momento? ¿Por qué?

_____

_____

_____

_____

_____

Ahora, sigamos analizando los temores. Como dije anteriormente, hay temores racionales que son buenos, ya que son un instinto de preservación que puede llegar a salvarnos en caso de algún peligro. Por ejemplo, si conduces en tu auto y un camión se te viene encima, es natural y correcto sentir temor. Sin embargo, hay otros tipos de temores que son los irracionales, y que por lo general vienen de una experiencia pasada dolorosa que ha marcado al individuo. Por ejemplo, si alguna vez, de pequeño, te topaste de frente con un perro furioso que te mordió la pierna, quizás hoy día le tengas un miedo aparentemente injustificado a los perros.

De la misma manera, es posible que hayas heredado algunos de los temores de tus padres ya que a ellos siempre los viste reaccionar de cierta manera ante una situación y aprendiste a hacer lo mismo. En el ejercicio que aparece a continuación vas a identificar estos temores irracionales y descubrir su origen para así saber si los temores que te dominan son irracionales o no.

Algunos ejemplos de temores irracionales

- Temor a la oscuridad

- Temor a las alturas

- Temor a los espacios cerrados

- Temor a los insectos

- Temor a los payasos

- Temor a los hombres

- Temor a las mujeres

- Temor a los aparatos electrónicos

- Temor a la muerte

- Temor a los niños

- Temor a dormir

- Temor al caos

- Temor a estar solo

- Temor al agua

- Temor a los espejos

- Temor a Dios

- Temor a estar con otra gente

- Temor a salir a la calle

Quien no espera ganar, ya ha perdido.
—José Joaquín Olmedo

EJERCICIO:
La escalera de los temores

Utilizando la primera columna de la siguiente tabla, haz una lista de todo lo que te causa temor, ya sea viajar en avión, nadar en el mar, estar solo o hablar en público. Incluye cuantos temores se te ocurran, y si te hace falta espacio, sigue la lista en una hoja de papel separada.

En la segunda columna, dale a cada uno de tus temores un 'puntaje' que vaya del 1 (poca ansiedad) al 10 (mucha ansiedad). Ejemplo:

Temor	Nivel de ansiedad (1 = poca ansiedad, 10 = mucha ansiedad)
Temor a las alturas	5
Temor a la oscuridad	10

Temor	Nivel de ansiedad (1 = poca ansiedad, 10 = mucha ansiedad)

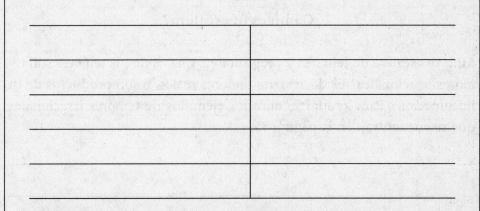

Ahora, en el diagrama de la escalera que se encuentra a continuación, pon cada temor que aparece en tu lista en un escalón, yendo del que menos ansiedad te da, al que más ansiedad te da.

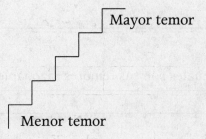

Mayor temor

Menor temor

Una vez hayas puesto todos tus temores en la escalera, observa el diagrama. Podrás ver claramente cuál es tu menor temor y cuál es el mayor, y así podrás ir enfrentándolos uno a uno.

REFLEXIONA:

¿Cómo es tu escalera?

Mira tu escalera de temores y pregúntate: ¿Cuáles de tus temores son temores irracionales? Es decir, ¿son temores reales, o son productos de tu imaginación? Para ayudarte, mira los ejemplos de temores irracionales que se encuentran en la página 85.

_____

_____

_____

_____

_____

Por otro lado, ¿cuáles son tus temores razonables?

_____

_____

_____

_____

_____

¿Cuáles de estos temores, ya sean los irracionales o los razonables, sientes que te están impidiendo ser feliz?

_____

_____

_____

_____

_____

_____

¿Sientes que por causa de algunos de estos temores, has dejado de hacer ciertas cosas para evitar sentir miedo? ¿Cuáles son, y en qué maneras han cambiado tu comportamiento?

_____

_____

_____

_____

_____

¿Te gustaría deshacerte de algunos de estos temores? ¿Por qué?

_____

_____

_____

_____

_____

_____

En el caso de tus temores irracionales, ¿qué crees que puedes hacer para remediarlos?

_____

_____

_____

_____

OTROS DESÓRDENES MÁS GRAVES

Además de los temores racionales e irracionales más comunes que afectan a la gran mayoría de la gente, existen otro grupo de fobias y desórdenes mentales mucho más serios que pueden llevar a graves problemas de salud.

Según el _New York Times,_ en una encuesta realizada por el Instituto Nacional de Salud Mental y varios profesionales de la Universidad de Harvard, "más de la mitad de los estadounidenses desarrollarán una enfermedad mental en algún punto de sus vidas, a menudo a partir de la niñez y la adolescencia". Esto es un problema muy serio, y aunque puede que tú no sufras de ninguno de estos desórdenes, es importante que los sepas reconocer en caso de que alguien a tu alrededor padezca de uno de estos males.

La depresión

La depresión es un sentimiento que se caracteriza por la tristeza y la inhabilidad de ver el futuro bajo una luz prometedora. Las personas que están deprimidas suelen sentirse inadecuadas, y tienen poco interés en la actividad física o mental. Suelen apartarse de sus amigos, abandonar actividades que antes solían hacer, y dormir mucho. La depresión es una enfermedad mental grave, y si crees que tú o alguien que quieres puede estar deprimido, no dudes en buscar la ayuda de un psiquiatra inmediatamente. Nadie tiene que enfrentar esta enfermedad tan debilitante sin recibir ayuda.

La ansiedad generalizada

La ansiedad generalizada se caracteriza por un temor a varias cosas a la vez. Incapaces de decir exactamente qué es lo que les preocupa, las personas que sufren de ansiedad generalizada tienden a preocuparse mucho por su estado de salud, por el bienestar de los demás, por el calor, por el frío, por el precio del petróleo y porque la sopa está muy salada. Todo y nada los preocupa, y están siempre nerviosos, preocupados, y les cuesta mucho trabajo concentrarse o dormirse. Aunque no es un desorden tan grave como la depresión, la ansiedad generalizada también debe ser tratada con la ayuda de un médico, ya que los efectos prolongados de la ansiedad pueden causar problemas serios de salud.

El desorden de pánico

El desorden de pánico consiste en el temor a perder control sobre el cuerpo físico y a enfermarse y enloquecer. Un ataque de pánico hace que la persona empiece a sentir síntomas físicos de su angustia. El corazón y la respiración se agitan, y la persona pierde el control sobre su mente y se concentra solamente en lo que está sintiendo. Las personas que sufren de ataques de pánico también deben consultar un psiquiatra, y adoptar técnicas para lidiar con momentos de demasiado estrés.

EL CONTROL

Por último, en este capítulo quiero que veamos cómo muchas veces, nuestros temores nos dan una necesidad exagerada de controlar todo lo que está a nuestro alrededor: ya sean situaciones o personas.

Es importante, por supuesto, tener un cierto grado de control y certeza sobre el mundo que nos rodea. Si no, nos sentiríamos perdidos todo el tiempo, y quién sabe qué sería del mundo. Pero muchas veces, cuando nos sentimos inseguros por una razón u otra, intentamos imponer un control excesivo sobre lo que nos rodea con la esperanza de que esto nos reestablecerá el equilibrio perdido.

Pues déjame que te lo diga bien claro: no hay nada más equivocado. Cuando intentas controlarlo todo, muchas veces terminas hiriendo a quienes más quieres, y eso en últimas te hará sentir peor.

Hay diferentes formas de controlar. He aquí una lista que te servirá para identificar cómo tratan de controlar a los demás las personas que se sienten inseguras.

- La manipulación: Se trata de influir sobre alguien para conseguir lo que quieres, usualmente negándole algo a la persona hasta que haga lo que quieres.

- El sentirse mejor que los demás: Una persona que se siente insegura o incompetente suele tratar de aparentar ser todo lo opuesto en público. Siempre toma la opinión contraria a todo el mundo, y pretende saber más que nadie.

- La dominación: Cuando una persona controla con la rabia. Si la otra persona no hace lo que quiere, explota de ira. Es un reino del terror.

REFLEXIONA:
¿Controlas demasiado o te controlan a ti?

Lee estas definiciones, e intenta ver si alguna vez has utilizado alguna de estas técnicas para controlar una situación o a otra persona. ¿Cuándo? ¿Cómo fue?

_____

_____

_____

_____

¿Alguna vez te ha pasado que alguien intente controlarte a ti? ¿Cómo fue? ¿Cómo te sentiste?

_____

_____

_____

_____

_____

¿Qué otras maneras de controlar a los demás se te ocurren?

_____

_____

_____

_____

_____

Cuando intentas controlarlo todo,
muchas veces terminas hiriendo a quienes más quieres,
y eso en últimas te hará sentir peor.

Como habrás notado al contestar estas preguntas, la necesidad de controlar un temor nos puede llevar a controlar aspectos de nuestras vidas que no tienen nada que ver con aquel temor. Sin embargo, existen mejores métodos para controlar nuestros temores y ansiedades. Uno de esos métodos es la visualización.

EJERCICIO:
Visualización

Cuando te encuentras en una situación difícil que te genere angustia o temor, necesitas encontrar una manera de volver a centrarte. Aquí te voy a enseñar la técnica de la visualización, que sirve para mejorar este tipo de situaciones. Se comienza a utilizar en la etapa del estudio y la observación, y se lleva hasta el momento del compromiso para el cambio.

1. Piensa en uno de tus temores. Por ejemplo, el temor a viajar en avión, o el temor a hablar en público.

2. Ahora, imagínate la escena. Si tu temor es volar en avión, imagínate todos los detalles del vuelo: la llegada al aeropuerto, la entrada al avión, el despegue, el aterrizaje. Todo. Si le temes a hablar en público, imagina la sala llena de gente, las caras de las personas, las palabras que vas a decir. Busca visualizar todos los detalles posibles.

3. Repite este ejercicio todos los días durante varios días antes del evento que te causa terror. Verás que te irás acostumbrando a la idea, a la situación, y el temor que sientes irá disminuyendo.

Unas últimas palabras

No pienses que necesitas abandonar el control del todo. Lo que necesitas es abandonar la necesidad de controlar cuando te sientes ansioso o cuando no te sientes aceptado. No es fácil, pero con los ejercicios que has hecho en este capítulo, ya vas por buen camino.

Para concluir el tema de "Los enemigos principales", quiero ofrecerte la "Oración de la Serenidad". A mí, esta oración me salva de muchas cosas. Al repetirla, me acuerdo de que hay ciertas cosas que se pueden cambiar, y otras que no.

Dios concédeme la

Serenidad para aceptar
las cosas que no
puedo cambiar…

Valor para cambiar
aquellas que puedo y

Sabiduría para reconocer
la diferencia…

Repítela cada vez que necesites encontrar serenidad en tu corazón. Verás que es una de las claves esenciales para aprender a vivir una vida más feliz.

Capítulo cuatro

EL PODER DE LOS HECHIZOS

PASO 3:
Libérate de tu voz interior negativa

Como seres humanos, tenemos una tendencia natural a buscar la felicidad. Queremos sentirnos tranquilos, contentos y en paz con el mundo a nuestro alrededor. Sin embargo, hay diversos obstáculos que se interponen entre nosotros y la meta que deseamos alcanzar. Como es natural en la vida, muchas veces tenemos problemas, y esos problemas hacen que nos preocupemos, dudemos de nosotros mismos e incluso hacen que nos sintamos inseguros. Nos obsesionamos pensando en ellos, les damos vueltas y vueltas en la cabeza intentando calmar la preocupación que sentimos, y lo único que logramos es angustiarnos más.

Por eso es importante identificar estas preocupaciones y encontrar una manera de aligerar el peso que representan. Mientras que preocuparnos por nuestros problemas de forma positiva puede ser una manera constructiva de encontrar una solución a lo que nos atormenta, si nos preocupamos en forma negativa, esta preocupación se transforma en un obstáculo a nuestra felicidad.

Recuerda que muchas veces las preocupaciones son cosas que tenemos en el fondo de la mente y que no necesariamente estamos 'conscientes' de estar sintiendo. Antes de comenzar los ejercicios en este capítulo, tómate un momento para reflexionar acerca de cómo te estás sintiendo en este momento.

Lo que nos decimos
a nosotros mismos
se convierte en un hechizo.

DIARIO

¿Cómo te sientes hoy? ¿Estás contento? ¿Te sientes desanimado? ¿Hay algo en particular que te está preocupando? Escribe como te sientes.

_____

_____

_____

_____

_____

_____

_____

_____

_____

_____

_____

_____

Ahora, utiliza la tabla que encontrarás a continuación para anotar tus estados de ánimo a diferentes momentos del día o de la semana. Para darte una idea, mira el ejemplo en la página 6.

Día y hora	Qué está pasando alrededor	Cómo me siento	Mi preocupación	¿Qué hice para ayudarme?	¿Cómo me sentí después?

Los hechizos: el poder de las palabras

El lenguaje que utilizamos para describir nuestras preocupaciones y dudas tiene un efecto inmenso en nuestros sentimientos y creencias. Determina la manera en que nos enfrentamos a nuestros problemas y afecta la motivación que tenemos para solucionarlos. Tenemos que darnos cuenta de que las palabras negativas actúan como hechizos que agravan nuestra situación. Con esto en mente, relee lo que has escrito en tus diarios y presta particular atención a las palabras que utilizas para describir tus sentimientos. ¿Son en su mayoría positivas o negativas? ¿Qué dice esto de tu nivel de felicidad?

EJERCICIO:

¿Te preocupas demasiado?

Tom Borkovec y sus colegas de la Pennsylvania State University desarrollaron una serie de preguntas para ayudarte a determinar si eres una persona que se preocupa más de lo normal.

En el siguiente cuestionario, califica con un número del 1 al 5 a cada una de las frases que aparecen a continuación, dependiendo de qué tan común son para ti. Para cada frase, marca un círculo alrededor del número que corresponde a la categoría que aplique a tu caso: "Nada común", "Algo común" o "Muy común". Nota que a veces "Nada común" corresponderá al número "1" y otras veces corresponderá al número "5", así que siempre circula el número que esté bajo la categoría que aplique a ti. Luego suma todos los números que marcaste para calcular tu puntaje total.

	Nada común		Algo común		Muy común
1. Si el tiempo no me alcanza para hacer todo lo que tengo que hacer, no dejo que eso me preocupe.	5	4	3	2	1
2. Mis preocupaciones me agobian.	1	2	3	4	5
3. Por lo general no tiendo a preocuparme mucho.	5	4	3	2	1
4. Me preocupo en muchas situaciones.	1	2	3	4	5
5. Sé que no debería preocuparme tanto por las cosas, pero no logro dejar de hacerlo.	1	2	3	4	5
6. Cuando estoy bajo presión, me preocupo mucho.	1	2	3	4	5

	Nada común	Algo común		Muy común
7. Siempre estoy preocupado por algo.	1	2	3	4	5
8. Me resulta fácil deshacerme de mis preocupaciones.	5	4	3	2	1
9. Apenas termino de hacer una cosa, comienzo a preocuparme por lo demás que tengo que hacer.	1	2	3	4	5
10. Nunca me preocupo por nada.	5	4	3	2	1
11. Cuando ya no queda nada más que yo pueda hacer con respecto a un problema, dejo de preocuparme por él.	5	4	3	2	1
12. Toda la vida he sido alguien que se preocupa mucho.	1	2	3	4	5
13. Me doy cuenta que he estado preocupándome por cosas.	1	2	3	4	5
14. Cuando empiezo a preocuparme por algo, no puedo parar.	1	2	3	4	5
15. Todo el tiempo estoy preocupado por todo.	1	2	3	4	5
16. Me preocupo por lo que tengo que hacer hasta que lo hago.	1	2	3	4	5

Puntaje total: _____

Resultados:

Las personas que se preocupan un poco más de lo normal tendrán un puntaje de por encima de 52. Quienes se preocupan realmente demasiado tendrán un puntaje de más de 65. Por otro lado, las personas poco ansiosas tendrán un puntaje de más o menos 30.

Sea cual sea tu nivel de preocupación, y sobre todo si encuentras que estás dentro de un rango normal pero que tus preocupaciones siguen molestándote significativamente, es importante analizar qué es lo que te causa estas angustias. El primer paso en el plan de acción para deshacerse de las preocupaciones, los hechizos y los pensamientos negativos es *identificarlos*.

1. Identificar

Es importante conectar las emociones que sientes (ya sea una creencia, un temor o una ansiedad) con aquello que te las causa. Tienes que buscar siempre la raíz del problema para empezar a solucionarlo desde allí.

La felicidad es una opción.

—*Kate del Castillo*

EJERCICIO:
Identifica tus problemas

Tómate un momento para releer lo que has escrito hasta ahora en tus diarios, e intenta ver cuáles son los problemas más recurrentes, aquellos que te afectan con mayor frecuencia.

1. Ahora toma un lápiz, y escribe en la primera columna de la tabla que se encuentra a continuación los problemas más significativos de tu vida, y lo que quisieras hacer para arreglarlos. Organízalos en orden de importancia.

2. En la segunda columna, escribe las emociones que cada problema te causa.

3. En la tercera, intenta pensar en cómo quisieras cambiar este problema.

Por ejemplo:

Mi problema y su importancia	Mis emociones	Cómo quisiera cambiarlo
Me siento solo y temo que nunca voy a encontrar pareja.	*Ansiedad, preocupación*	*Quisiera conocer a alguien y sentirme más acompañado.*

Mi problema y su importancia	Mis emociones	Cómo quisiera cambiarlo

REFLEXIONA:
Tus problemas

Una vez hayas terminado, mira la tabla y observa bien tu lista de problemas. ¿Cómo te sientes al ver la lista? ¿Son más problemas de los que te imaginabas, o menos?

_____

_____

_____

_____

_____

_____

Al ver la lista, ¿te sientes más en control o menos? ¿Por qué?

_____

_____

_____

_____

_____

2. Admitir

Bien, ahora que hemos identificado los problemas que te causan preocupaciones y dudas, es importante preguntarnos qué podemos hacer para solucionarlos. En últimas, todo el mundo tiene problemas en la vida, y todo el mundo se preocupa. Es normal. Lo que no está bien es que dejes que tus problemas tomen las riendas de tu vida y te impidan ser feliz. Tienes que retomar el control de tu vida.

REFLEXIONA:
¿Cómo puedes mejorar tu situación?

Observa con cuidado la lista que hiciste en el ejercicio anterior: ¿Crees que hay algunos de estos problemas que puedas cambiar? ¿Cuáles?

- _____
- _____
- _____
- _____
- _____
- _____

Sin necesidad de entrar en demasiado detalle, ¿qué son algunas cosas que se te ocurre que puedes hacer para manejar tus problemas?

- _____
  _____
- _____
  _____
- _____
  _____
- _____
  _____

- _____

  _____

- _____

  _____

Bien, quiero decirte que este es el paso más importante para empezar a ser más feliz: Tienes que retomar el control sobre tu vida, pues nadie más lo va a hacer por ti, no importa cuánto te quiera. Sentirte mejor es *tu* responsabilidad y la de nadie más. ¡Ánimo! Apenas empieces a darte cuenta de que tú realmente sí puedes mejorar tu situación, te sentirás invadido de energía positiva.

Sentirte mejor es tu *responsabilidad y la de nadie más*.

3. Comprometer

Ahora que has superado uno de los pasos más importantes, tienes que tener la firme intención de hacer los cambios necesarios en tu vida para alcanzar tu meta. La intención es la que produce un resultado, y siempre y cuando guardes esa intención grabada en tu mente, verás cómo tanto tus acciones como tus pensamientos se irán alineando con la meta que quieres alcanzar.

Es importante que hagas un acuerdo contigo mismo que vas a dedicarte a ser más feliz. El hecho de que estés leyendo y haciendo los ejercicios de este libro ya es una muestra inmensa de tu intención de cambiar tu vida, pero es importante también que pongas esta intención por escrito. Funcionará como un contrato que te ayudará a recordar la responsabilidad que tienes contigo mismo: la de hacerte más feliz.

CONTRATO

——◆——

Yo, _____, me comprometo a cambiar mi vida y a vivir una vida más feliz. Dedicaré mi tiempo y mi esfuerzo a este importante proyecto.

Firma: _____

Fecha: _____

LAS SEIS TÁCTICAS PARA DESHACERTE DE LOS HECHIZOS

En mi libro titulado *Los 7 pasos para ser más feliz,* te ofrezco seis tácticas infalibles para bajar el nivel de estrés, y disminuir las preocupaciones usando el poder de las palabras. Como ya lo he dicho mil veces en mis programas radiales y en mis libros, soy una firme creyente en el poder de las palabras y la diferencia que pueden hacer las palabras positivas en cambiar la actitud de una persona.

Aunque aquí te ofrezco seis tácticas, es posible que no todas se apliquen a tu caso, así que te invito a hacer los ejercicios y cuestionarios que encontrarás a continuación para ver cuáles tácticas son las que más te servirán a ti en tu situación particular.

TÁCTICA 1: *Vive en el presente* y deja de esperar lo peor

Nuestra paz mental depende en gran parte de qué tan capaces somos de vivir en el presente. Cuando nos preocupamos constantemente por cosas que sucedieron en el pasado o aquellas que imaginamos que sucederán en el futuro, terminamos sintiéndonos ansiosos, frustrados y hasta deprimidos. ¿Te has dado cuenta de que entre más te preocupas por aquella reunión importante que tienes al otro día, peor te sientes? Por eso es importante aprender a vivir en el presente y disfrutar ahora de lo que mentalmente siempre estamos posponiendo: la felicidad.

REFLEXIONA:
Aprende a vivir en el presente

Miremos hacia el futuro. ¿Cuáles son tus mayores preocupaciones a corto plazo?

1. _____

_____

2. _____

_____

3. _____

_____

4. _____

_____

¿Cuáles son tus mayores preocupaciones a largo plazo?

1. _____

_____

2. _____

_____

3. _____

_____

4. _____

_____

Mira tus respuestas cuidadosamente y responde a la siguiente pregunta con la mayor sinceridad posible: ¿Cuántos de estos temores crees que *realmente* se van a materializar? Para ayudarte a responder a esta pregunta, piensa en cosas que te han preocupado en el pasado y que han terminado no sucediendo.

_____

_____

_____

_____

_____

_____

_____

Ahora haz una lista de todos aquellos planes y proyectos que sueñas con hacer algún día. Puede tratarse del sueño de volver a estudiar, hacer un viaje a algún lugar recóndito del planeta o aprender a tocar piano.

1. _____

2. _____

3. _____

4. _____

5. _____

¿A cuáles de estos proyectos puedes comenzar a trabajarles a partir de hoy mismo? ¿Cómo?

1. _____

_____

2. _____

_____

3. _____

_____

4. _____

_____

5. _____

_____

Ahora, ¡ponte manos a la obra! La acción es el mejor remedio a la preocupación. Recuerda que no importa cuán pequeño sea el paso que des, apenas comiences a avanzar en tus proyectos de vida te irás liberando de tus preocupaciones, ¡y comenzarás a vivir la vida que más quieres!

La acción es el mejor remedio a la preocupación.

TÁCTICA 2: *Examina las probabilidades* con preguntas concretas

Las preocupaciones suelen fundarse en hechos que no necesariamente son concretos. Hay una diferencia primordial entre como *son* las cosas y como las *percibimos*. Para acercarnos más a la realidad, tenemos que analizar nuestras preocupaciones e intentar ver cuáles son las posibilidades reales de que puedan suceder.

EJERCICIO:

Examina las probabilidades

Anota una situación que te preocupa en este momento.

Ejemplo: *Temo que me despidan del trabajo.*

_____

_____

_____

Ahora, en la siguiente tabla, escribe por lo menos tres preguntas concretas acerca de la situación que te preocupa. En la segunda columna, anota las probabilidades que crees que hay de que cada una de estas situaciones suceda.

Ejemplo:

¿Cuál es la probabilidad de que…	Probabilidad (0%–100%)
…voy a terminar mis proyectos a tiempo?	*70%*
…la empresa despida empleados?	*30%*
…esté bien preparado para la reunión de mañana?	*80%*

¿Cuál es la probabilidad de que…	Probabilidad (0%–100%)

REFLEXIONA:

Observa los resultados de tus estimaciones.

¿Tus estimaciones son más positivos o negativos de lo que te imaginabas? ¿Cómo te hace sentir esto?

_____

_____

_____

_____

_____

TÁCTICA 3: *Analiza tus predicciones:* ¿ocurrió la catástrofe que esperabas?

Muchas veces gastamos nuestra energía en preocuparnos por cosas que *creemos* que van a suceder. Lo que no nos damos cuenta, es que estas cosas casi nunca suceden. Por ejemplo, yo *pienso* que el avión en el que me voy a subir se va a caer. Pero la *realidad* es que hay muy pocos accidentes de avión cada año. Lo que yo *percibo* como realidad, no lo es. Haz el siguiente ejercicio para analizar tus predicciones, y ver si realmente sucedió lo que pensabas.

REFLEXIONA:
¿Ocurrió la catástrofe que esperabas?

Piensa en lo que era tu vida hace un año. (Si te cuesta demasiado trabajo recordar exactamente lo que estaba sucediendo hace un año, puedes pensar en lo que estabas haciendo hace seis meses). ¿Qué cosas te preocupaban? ¿Qué predijiste que iba a suceder? Haz una lista para cada área de tu vida.

En lo profesional:

- _____
- _____
- _____
- _____

En lo social:

- _____
- _____
- _____
- _____

En lo familiar:

- _____
- _____

- _____
- _____

Ahora piensa en qué desenlace tuvieron las cosas que predijiste hace un año (o seis meses) en tu vida actual. ¿Qué fue lo que verdaderamente sucedió?

En lo profesional:

- _____
- _____
- _____
- _____

En lo social:

- _____
- _____
- _____
- _____

En lo familiar:

- _____
- _____
- _____
- _____

Enfoquémonos ahora en tu vida actual. ¿Qué te preocupa mucho en este momento de tu vida? ¿Qué predices que va a suceder?

En lo profesional:

- _____
- _____
- _____
- _____

En lo social:

- _____
- _____
- _____
- _____

En lo familiar:

- _____
- _____
- _____
- _____

Ahora quiero que, después de dos semanas, vuelvas a analizar las preo-cupaciones y predicciones que acabas de escribir. ¿Cuáles de tus predic-ciones se realizaron? ¿Cuáles no?

En lo profesional:

- _____
- _____
- _____
- _____

En lo social:

- _____
- _____
- _____
- _____

En lo familiar:

- _____
- _____
- _____
- _____

¿Puedes ver que algunas de las preocupaciones que te parecían gravísi-mas hace un tiempo ya no tienen ninguna importancia ahora? ¿Logras ver cómo esta regla puede aplicarse también a las preocupaciones que te asedian ahora? Lo importante es que te des cuenta de que las cosas no suelen ser tan graves como las imaginamos, y que lo importante es que guardes todo en perspectiva. Por eso es bueno escribir en tu diario cada semana; para que así puedas observar cómo muchas de nuestras preocupaciones se resuelven al cabo de unos días. Cada vez que empieces a preocuparte por algo que pudiera suceder en el futuro, piensa en la temporalidad de tus preocupaciones anteriores, ¡y muy pronto verás como te sentirás mucho mejor!

Hay una diferencia primordial
entre como son las cosas
y como las percibimos.

TÁCTICA 4: *Disminuye las dudas* y piensa en opciones viables

Uno de los obstáculos más grandes a la felicidad es la duda "¿Y si...?". Es el centro del problema para aquellas personas que padecen de ansiedad o de indecisión. Cuando las personas muy dudosas se proponen hacer algo, surge un sinfín de pensamientos negativos que los congela. La clave para bloquear este pensamiento automático está en darle una respuesta realista a la pregunta y aplacarlo de una vez por todas.

EJERCICIO:
¿Y si...?

1. Piensa primero en algo que te preocupa y escríbelo a continuación:

   _____

   _____

   _____

2. Identifica la primera situación que se te viene a la mente y formúlala como una pregunta:

   ¿Y si _____

   _____?

3. Ahora piensa en todos los posibles resultados de esta situación. Sé honesto contigo mismo: realmente evalúa *todas* las posibilidades.

   ¿Cuál sería el peor resultado?

   _____

   _____

   _____

¿Cuál sería el mejor resultado?

_____

_____

_____

¿Cuáles serían otros posibles resultados?

_____

_____

_____

_____

4. Finalmente, pregúntate: ¿qué puedes hacer para prepararte para el peor resultado? Escribe todas las respuestas que se te ocurran, y organízalas dependiendo de qué tan realistas sean.

- _____

_____

- _____

_____

- _____

_____

- _____

_____

REFLEXIONA:

¿Puedes estar más en control de las situaciones?

Mira lo que acabas de escribir, y hazte la siguiente pregunta: ¿Qué es lo que realmente *quieres* que ocurra? Recuerda que se trata de que recobres *el control* sobre tu propia vida, y que no sean las circunstancias las que decidan por ti. Eres tú quien debe tomar las riendas de tu vida. Escribe tu respuesta, y reflexiona acerca de cómo difiere de lo que usualmente harías.

_____

_____

_____

_____

_____

_____

Te invito a que apliques esta técnica a cualquier tipo de preocupación que aparezca en tu vida. Cuando te encuentres inundado de dudas al afrontar una situación, toma una hoja de papel y un lápiz y sigue estos pasos para analizar todas las alternativas que se abren a ti. Lo más importante es que te des cuenta de que no sólo hay una alternativa, ¡sino muchas! Verás cómo muy pronto lo habrás incorporado a tu forma de pensar y ya ni necesitarás escribirlo en un papel.

TÁCTICA 5: *Obsérvate desde lejos* y determina: ¿cuál es mi realidad?

Hay veces en que para solucionar un problema es necesario tomar cierta distancia. Cuando estamos de cerca, es difícil ver las opciones que hay y la verdadera magnitud de lo que sucede. Tendemos a pensar que es el fin del mundo, y que pase lo que pase, va a ser algo horrible.

¿Pero te has dado cuenta que cuando hablas con un amigo o un familiar, a menudo te ofrece una perspectiva completamente diferente y hasta reconfortante? Esto no es sólo porque se trata de una persona que te quiere y se preocupa por ti. También tiene que ver con el hecho de que se encuentra fuera del problema, y puede verlo con mayor claridad. Por eso, te aconsejo que cuando tengas una preocupación que te asedia, intentes verla como si fueras tu mejor amigo.

EJERCICIO:

Déjame que te cuente...

Para salirte de tu situación y hacer el intento de observarla con mayor claridad y objetividad, haz de cuenta que estás hablando con un amigo y le estás contando lo que te sucede. Descríbele lo que sientes, pero también la situación en la que te encuentras.

_____

_____

_____

_____

_____

_____

_____

_____

_____

_____

_____

_____

_____

_____

Ahora, haz de cuenta que eres tu amigo, y escríbete una carta re-
accionando a todo lo que acabas de oír. Piensa en cómo te conoce
tu amigo, y los ejemplos que te podría dar de cosas que ya te han
pasado, o de lo que piensan los demás de ti. Es un ejercicio difícil,
pero haz un esfuerzo verdadero por verte y hablarte como lo haría
él. Recuerda, esta persona es tu amigo, y jamás te diría cosas desa-
lentadoras. Concéntrate en el cariño que te tiene y las soluciones
que te podría ofrecer.

_____

_____

_____

_____

_____

_____

_____

_____

_____

_____

_____

_____

_____

_____

_____

_____

_____

¿Qué descubriste? ¿Pudiste ver las cosas desde una perspectiva diferente? ¿Sientes que esto te ha ayudado a superar lo que te preocupa?

_____

_____

_____

_____

_____

_____

TÁCTICA 6: *Deja el drama* y aplica en el futuro las lecciones aprendidas

A veces tenemos tendencia a exagerar los efectos de lo que nos está sucediendo. ¿Eres el tipo de persona que piensa que el mundo se va a acabar si cierta cosa no sucede? Pues no eres el único. Muchos de nosotros tendemos a creer que las cosas están peor de lo que están en realidad. Mi consejo para que esto no te suceda es que dejes el drama.

Por supuesto, hay situaciones extremadamente difíciles en la vida; no estoy diciendo que no las haya. Pero *la gran mayoría* de las situaciones que nos causan preocupación en la vida cotidiana no son de vida o muerte; y cuando reaccionamos de manera exagerada no hacemos sino limitar nuestras posibilidades de encontrar soluciones viables.

Eres tú quien debe tomar las riendas de tu vida.

EJERCICIO:

Menos drama

Lee las siguientes afirmaciones. Para cada una, escribe a) la reacción *más* dramática que podrías tener y b) la reacción *menos* dramática que podrías tener.

1. Vas de prisa para una reunión del trabajo y se te estalla un neumático en el camino.

   Más drama: _____

   Menos drama: _____

2. Estás preparando una cena familiar para diez personas, y faltando unas cuantas horas, tu hermano te anuncia que va a traer a cuatro personas más.

   Más drama: _____

   Menos drama: _____

3. Descubres que tu novio/a te ha sido infiel.

   Más drama: _____

   Menos drama: _____

4. Le prestas tu blusa preferida a tu hermana, y cuando te la devuelve tiene una enorme mancha de vino.

   Más drama: _____

   Menos drama: _____

5. Hay una reestructuración en tu empresa y pierdes tu empleo.

   Más drama: _____

   Menos drama: _____

6. Le has pedido a un colega que te ayude con una presentación para el trabajo, y a último momento se enferma.

Más drama: _____

Menos drama: _____

7. Vas al doctor y te dice que necesitas hacerte una operación.

Más drama: _____

Menos drama: _____

Ahora escribe algunas situaciones que te hayan sucedido a ti y mira cómo reaccionaste, y cómo podrías haber reaccionado en cada caso.

8. _____

Tu reacción: _____

Menos drama: _____

9. _____

Tu reacción: _____

Menos drama: _____

10. _____

Tu reacción: _____

Menos drama: _____

Lo importante en este ejercicio es que te des cuenta de que no hay *una sola* manera de reaccionar a los problemas o a las situaciones estresantes. No todo tiene que ser el fin del mundo. Por más desesperada que sea la situación, siempre puedes encontrar una manera positiva de reaccionar. ¡Así que deja el drama y comienza a sonreír!

Unas últimas palabras

En este capítulo has aprendido diferentes técnicas para manejar las preocupaciones que a menudo te afectan en la vida diaria. Ya sea que eres una persona que se preocupa mucho, o una persona que se preocupa poco, estas tácticas te ayudarán a liberarte de los hechizos que obstaculizan tu camino hacia la felicidad.

Estás aprendiendo a cambiar tu forma de pensar, y esta tarea no es nada fácil. Quiero antes que nada felicitarte por tu esfuerzo y por la promesa que has hecho de cambiar tu vida. Vas por buen camino. ¡Continúa con el buen trabajo y sigue avanzando a pasos agigantados hacia tu muy merecida felicidad!

Capítulo cinco

❦

LOS PENSAMIENTOS POSITIVOS SON CLAVE

PASO 4:
Usa afirmaciones positivas para cambiar tu actitud

Tal como lo hemos visto hasta ahora, hay muchas cosas que tenemos que cambiar en nuestra actitud si queremos vivir una vida más feliz. Es necesario deshacerse de las creencias negativas que llevamos arraigadas en el alma, aprender a sobreponernos a nuestros temores y ansiedades más fuertes, y dejar a un lado nuestras preocupaciones. No es una tarea fácil, pero lo importante es que sepas que sí es posible. Y para hacerlo hay una herramienta muy simple pero poderosísima, y ésta es tener una actitud *positiva*. Nuestro punto de vista es lo que más afecta nuestra manera de vivir la vida.

¿Alguna vez te has encontrado con una persona cuyo optimismo te sorprende, tomando en cuenta las difíciles circunstancias en las que vive? Esto es porque esa persona ha sabido dejar todos sus problemas a un lado para tener una actitud positiva. La clave está en el enfoque que le da a la vida.

Tal vez pienses que es más fácil decirlo que hacerlo, pero no hay nada más lejano a la realidad. En este capítulo te enseñaré algunas técnicas fáciles y eficientes para incorporar las afirmaciones positivas a tu vida. Muy pronto verás como ni siquiera tendrás que hacer un esfuerzo consciente por pensar positivamente: verás cómo es tu *actitud* la que irá cambiando y beneficiándote tanto a ti como a la gente que se encuentra alrededor tuyo.

Primero, tomémonos un instante para mirar de cerca qué constituyen pensamientos negativos y qué son pensamientos positivos. Observa los siguientes ejemplos:

Afirmaciones negativas	Afirmaciones positivas
"No puedo"	"Sí puedo"
"Nadie me quiere"	"Muchas personas me quieren"
"No sirvo para nada"	"Yo sé hacer muchas cosas"
"No entiendo"	"Me siento seguro de mí mismo"
"Soy débil"	"Soy dinámico"
"No sé nada"	"Soy creativo"

Te invito a que mires tus pensamientos y creencias negativas y que las analices en términos las desventajas que tiene pensar así y tratar de ver la raíz de ese pensamiento. En la tabla que se encuentra a continuación, escribe en la primera columna el pensamiento negativo que tienes acerca de ti mismo. En la segunda, escribe todas las desventajas de este pensamiento, y en la tercera responde a estas preguntas para descubrir la raíz de tu pensamiento negativo: ¿Por qué crees que piensas esto? ¿Quién te lo ha dicho?

Pensamiento negativo	Desventajas	Raíz de este pensamiento

Ahora, para cada pensamiento mira la segunda y la tercera columna. ¿Tienen muchas desventajas estos pensamientos? ¿Tienen algunas ventajas? ¿Lograste identificar la raíz de estos pensamientos? ¿Crees que puedes pensar de forma más positiva?

_____

_____

_____

_____

_____

_____

Ahora, antes de comenzar los ejercicios en este capítulo, tómate un momento para escribir y reflexionar acerca de cómo te estás sintiendo en este momento.

DIARIO

¿Cómo te sientes hoy? ¿Cómo te sientes respecto al futuro? ¿Lo ves alentador o te parece que algo malo va a suceder? Déjate llevar por tus palabras e intenta poner en esta página lo que estás sintiendo en lo más profundo de tu ser en este momento.

_____

_____

_____

_____

_____

_____

_____

_____

_____

_____

_____

_____

_____

Ahora, utiliza la tabla que encontrarás a continuación para anotar tus estados de ánimo a diferentes momentos del día o de la semana. Para darte una idea, mira el ejemplo en la página 6. En la última columna, podrás desprenderte de tus hechizos más adelante en el capítulo.

Día y hora	Qué está pasando alrededor	Cómo me siento	Mi pensamiento negativo	La raíz de este pensamiento	Afirmación positiva para desprenderme

Los pensamientos distorsionados

Cuando nos sentimos estresados, preocupados o de mal genio a menudo tenemos tendencia a pensar de manera ilógica y distorsionada. Es decir, "modificamos" la realidad y la vemos de la peor manera posible. Esto es algo que sucede con frecuencia cuando alguien está deprimido o frustrado. Ya tocamos este tema en el Capítulo 2, y para auydarte a identificar algunas de tus propias tendencias a distorsionar tu percepción de la realidad, he aquí una lista más completa de las distorsiones cognitivas más comunes:

1. **Sobregeneralización:** Ves un suceso negativo como una repetición interminable de fracasos. Por ejemplo: "Esto siempre me pasa a mí… nunca puedo hacer nada bien".

2. **Filtro mental negativo:** Te enfocas casi exclusivamente en lo negativo, y no logras ver lo positivo. "No le caigo bien a nadie".

3. **Obsesión de culpa:** Te obsesionas con culparte a ti mismo o a otra persona de todo lo negativo que te sucede en la vida. "Esto es todo culpa de mi hermano" o "Nos fue mal con ese proyecto porque yo soy parte del equipo".

4. **Blanco o negro:** Ves todo en blanco y negro. "Todo el mundo me odia" o "Siempre salgo perdiendo".

5. **La bola de cristal:** Tiendes a predecir el futuro y hablar de las cosas malas que están por suceder. "Jamás conseguiré trabajo".

6. **Pensamiento catastrófico:** Te imaginas que todo lo que ha pasado o que va a pasar será tan terrible que no lo podrás soportar. "Me voy a morir si no consigo ese puesto".

7. **Juicios excesivos:** Asignas un juicio general negativo a ti mismo o a otra persona. "Soy bruto" o "María es una mala persona".

8. **Debería…:** Analizas todo en términos de lo que debería ser y no lo que es. "Yo debería ser mejor que los demás. Si no, soy un fracaso" o "Ella debería ser mejor amiga de lo que es".

9. **Comparaciones injustas:** Interpretas eventos o sucesos según estándares poco realistas. "Ella es más bonita que yo" o "Juan es más inteligente que yo".

10. **Menosprecio de lo positivo:** Consideras que las cosas positivas que tanto tú u otra persona logran no son tan importantes. "Eso fue fácil, no vale" o "Los demás competidores no eran tan buenos, por eso gané".

11. **Razonamiento emocional:** Razonas a partir de lo que sientes. "Me siento como un imbécil, entonces debe ser que lo soy".

12. **Lectura de la mente:** Asumes que sabes lo que están pensando los demás sin tener ninguna evidencia de sus pensamientos. "Ella se cree mejor que yo".

EJERCICIO:
Distorsiones del pensamiento

1. Relee lo que has escrito en tus diarios al principio de cada capítulo, e intenta buscar algunos de tus pensamientos negativos más recurrentes. ¿Notas algo especial? ¿Tus pensamientos negativos suelen repetir una misma fórmula, o varian de acuerdo a la situación?

_____

_____

_____

_____

_____

_____

2. Haz una lista de tus pensamientos negativos más comunes. Busca en lo que has escrito de tu diario, y también tómate un momento para pensar en otros pensamientos que se te vienen a la cabeza a lo largo del día. Este es un ejercicio muy importante, así que de verdad intenta encontrar todos aquellos pensamientos que de algún modo oscurecen tu manera de ver el mundo.

1. _____

2. _____

3. _____

4. _____

5. _____

6. _____

7. _____

8. _____

9. _____

10. _____

3. Ahora, escribe cada uno de tus pensamientos negativos en la primera columna de la tabla que se encuentra a continuación. En la segunda columna, intenta transformar cada pensamiento negativo general en algo específico. Por ejemplo, si tu primer pensamiento negativo es "Soy feo", el pensamiento negativo específico correspondiente sería algo así como "No me gusta mi nariz".

4. Ahora, escribe en la tercera columna junto a cada uno de tus pensamientos negativos de la primera columna, las distorsiones cognitivas que le corresponden. Puede ser una, o pueden ser varias.

5. Por último, en la cuarta columna titulada "Pensamientos positivos", te invito a que escribas una afirmación positiva y a la vez más realista con la que puedas reemplazar cada uno de tus pensamientos negativos.

Pensamientos negativos generales	Pensamientos negativos específicos	Distorsiones	Pensamientos positivos

6. Mira la tabla una vez hayas terminado de rellenar todos los cuadros. ¿Qué descubriste? ¿Qué te ayuda a comprender?

_____

_____

_____

_____

_____

_____

_____

_____

_____

Haz el esfuerzo de integrar estos cuatro pasos a tu manera de pensar y verás cómo empezarás a enfrentar las emociones negativas de tu vida con el poder de tus pensamientos positivos.

Nuestro punto de vista es lo que más afecta nuestra manera de vivir la vida.

Los pensamientos negativos ante la adversidad

Los pensamientos negativos y las creencias no suelen aparecer de un día para otro. No es que nazcas siendo una persona negativa y que por lo tanto seas incapaz de ver la vida en una luz optimista. Los pensamientos negativos suelen ser *circunstanciales,* y son la manera en que muchos de nosotros reaccionamos ante la adversidad.

Claramente hay muchas maneras de reaccionar ante una situación adversa o difícil, y muchas personas te dirán que la adversidad les da energía. Se sienten retados, y lo toman como una oportunidad para crecer y aprender. Otros te dirán que la adversidad es más bien una situación debilitante para ellos. Cuando pasa algo malo, como una pelea o un contratiempo, sienten que su mundo se derrumba y tienden a distorsionar la realidad, viéndola en términos catastróficos. Sea cual sea tu caso, es importante saber qué sentimientos te genera a ti la adversidad.

No vemos las cosas tal como son;
las vemos tal como somos.

—Anaïs Nin

EJERCICIO:
Cambiando de negativo a positivo

Hay un concepto en la psicología que se llama la "restructuración cognitiva", que fue resumido en el libro *Mind Over Mood* (*La mente vence los pensamientos*) por los Drs. Dennis Greenberger y Christine Padesky. Los autores nos ofrecen un ejercicio que nos deja restructurar, o sea, cambiar de lo negativo a lo positivo, nuestros pensamientos.

Primero necesitas escribir la situación que causó tus pensamientos negativos. Esto lo puedes ver en la primera columna del recuadro siguiente. Por ejemplo, quizás haces una presentación en el trabajo y a una colega no le gusta algunas de tus ideas, y lo dice a voz alta frente al equipo de trabajo.

En la segunda columna, identifica las emociones que sientes ante esta situación. Por ejemplo, tu pensamiento puede ser "me está insultando frente a mis colegas" y las emociones que se pondrían son "frustrado", "avergonzado", "enojado" e "inseguro".

En la tercera columna, escribe tus "pensamientos automáticos" que experimentaste. Estos deben ser como frases completas. Si tomamos el ejemplo anterior, algunos pensamientos automáticos pueden ser: "quizás no hice un buen trabajo", "él siempre quiere dañar mi carrera", "que pesado es él" y "está derrotando mi futuro en esta compañía".

Algunos de estos pensamientos automáticos son sumamente negativos, y en la cuarta columna, tienes que encontrar evidencia que apoya tu pensamiento. Esto tiene que ser un hecho, no un pensamiento: "la reunión sigió y no tomaron en cuenta algunas de mis recomendaciones" o "tiene razón —tuve algunos errores en mi presentación".

Ahora identifica la evidencia en contra tus pensamientos negativos. Por ejemplo, "mi error no fue muy grande" o "mis colegas y clientes respetan mis opiniones en general".

En la penúltima columna, trata de pensar en forma más equilibrada. A esta altura, tienes que haber visto ambos lados de la moneda en vez de solo mirando a lo peor —por ejemplo: "Hice un buen trabajo, aunque me equivoqué en algunos puntos", "hubo un error, pero no cambió el resto de mi presentación", "más que nada mis colegas estuvieron sorprendidos por el comportamiento tan pesado de este señor que me insultó".

Escribe tus emociones ahora. ¡Ojalá te sientes mejor!

1. Situación que causó el pensamiento negativo	2. Emociones automáticos	3. Pensamientos a favor	4. Evidencia en contra	5. Evidencia equilibrados	6. Pensamientos ahora	7. Emociones
Alguien interrumpió mi presentación y dijo que había algunos errores.	frustrado, avergonzado, enojado, inseguro	Quizás no hice un buen trabajo.	Sí, tuve un error.	Pero mi error no fue muy grande.	A veces me equivoco pero eso es humano. En el futuro trataré de tener menos errores.	A gusto con mi presentación en general
Mis hijos no dejan de pelear.	triste, enojado, frustrado, fuera de control	Soy un padre terrible.	No traté de pararlos cuando pelearon.	De verdad no estaban peleando mucho hoy —yo estoy más irritable.	Es normal que los niños peleen —pero si lo hacen mucho debo confrontarlos.	Menos enojado

Finalmente, tienes que ver si hay un próximo paso para poder resolver el problema. ¿Hay algo que puedes hacer contra la persona que te insultó o contigo mismo? Quizás quieres hablar con él y decirle que no fue justo como él te trató. O puedes decidir de hacer tu próximo proyecto con más cuidado para evitar tantos errores.

Escribe en el siguiente diario en los próximos días para observar tu actitud ante una situación difícil:

1. **Situación:** _____

_____

_____

_____

2. **Emoción:** _____

_____

_____

_____

3. **Pensamiento automático:** _____

_____

_____

_____

4. **Evidencia que apoya:** _____

_____

_____

_____

5. **Evidencia en contra:** _____

_____

_____

_____

6. Pensamientos equilibrados: _____

_____

_____

_____

7. Emoción ahora: _____

_____

_____

_____

Intenta generar pensamientos positivos
frente a la adversidad.

Aprende a discutir contigo mismo

La mejor manera de enfrentar tus pensamientos negativos es aprendiendo a discutir contigo mismo. Así como discutes con un amigo acerca de una película o un libro que te gustó o te disgustó, tienes que aprender a discutir contigo mismo acerca de las adversidades que aparecen en tu vida. Necesitas encontrar *argumentos* que invaliden tus pensamientos originales. Necesitas empezar un diálogo interior en el que refutes los pensamientos negativos que influencian tu forma de actuar. Al reconocer las palabras que te dices, puedes empezar a cambiarlas —a transformar tu forma de pensar y liberarte de los hechizos. En el ejercicio anterior, te enseñé cómo puedes refutar tus pensamientos negativos y encontrar pensamientos más positivos.

Felicidad es estar de acuerdo consigo mismo.

—Luis Buñuel

Unas últimas palabras

En esta sección has aprendido a analizar el funcionamiento de tus pensamientos y el efecto que tienen sobre tu actitud en general. Vivir una vida más feliz depende sólo de ti. Tú tienes el poder para cambiar tu forma de pensar, y sólo tú lo puedes hacer.

En una hoja de papel, anota cinco pensamientos positivos acerca de tu vida. Pueden ser cosas por las cuales estás agradecido, algo que te hace sonreír o una cualidad tuya de la que estás orgulloso. Relee esta lista cada vez que puedas, y verás cómo instantáneamente te hará sentirte mejor. Hazlo. Te garantizo que funcionará. Aquí te doy algunas sugerencias para afirmaciones positivas:

Me encanta ser quien soy.

Ahora me permito ser feliz.

Ahora trasciendo mis viejos miedos y limitaciones.

Estoy lleno de energía y entusiasmo.

Dejo que la vida fluya a través de mí.

Mi hogar es el universo.

Estoy siempre a salvo y protegido.

Me doy permiso para estar en paz.

Voy más allá de las limitaciones de mis padres.

Está bien expresar todas mis emociones.

Me acepto y me apruebo tal cual soy.

Me libero de la necesidad de criticar a los demás.

Me doy permiso para cambiar.

Nadie tiene razón ni se equivoca. Voy más allá de mi juicio.

Asumo la responsabilidad de mi propia vida.

Soy libre.

Me doy permiso para ser próspero y feliz.

Estoy abierto y receptivo a todos los puntos de vista.

Me amo a mí mismo pase lo que pase.

Merezco relaciones divertidas, fáciles y que me apoyen.

Tengo todo lo que necesito para conseguir todo lo que quiero.

Soy una buena persona sienta lo que sienta.

Merezco ser feliz.

Me acepto tal y como soy.

Merezco tenerlo todo.

Soy la persona que siempre quise ser.

Me siento seguro compartiendo mis sentimientos.

Tengo el poder para triunfar.

Confío en mí mismo, confío en mi intuición.

Soy una buena persona, merezco una buena vida.

Me acepto tal y como soy.

Me amo y me apruebo.

Permito que mis pensamientos sean libres.

Estoy en paz.

Me libero de mis programas del pasado.

Soy digno y valioso.

Soy fuerte y capaz.

Capítulo seis

— ᷓ ᷓ —

EL CONTROL SOBRE TU DIARIO VIVIR

PASO 5:
Toma las riendas de tu vida

Una vez hayas identificado las creencias negativas, los temores y las ansiedades que se albergan en tu interior, estás listo para abordar los obstáculos externos que muchas veces nos impiden vivir una vida más feliz. Necesitamos tomar control de nuestras vidas, y convertirlas en exactamente lo que queremos que sean. Nunca pienses que es demasiado tarde, que hay cosas que no se pueden cambiar… ¡Todo depende de ti! Si tú te lo propones, podrás hacer de tu vida lo que quieres.

Si eres una persona que sufre de estrés o ansiedad, es posible que nunca te "cures" de esta condición. Por naturaleza, tendrás tendencia a preocuparte más fácilmente o a ver primero el lado negativo de un problema. Pero aunque no puedes cambiar tus circunstancias, sí puedes cambiar tu actitud. Como hemos visto en los capítulos anteriores, con mucho trabajo y dedicación puedes darle la vuelta a estos obstáculos, y aprender a ver las cosas de diferente manera. Lo importante es que te des cuenta que eres *tú* quien tiene el control sobre tu vida, y nadie más. Ni tus creencias negativas, ni tu estrés ni tus temores tienen ningún poder sobre ti. Eres tú quien decide cómo vives tu vida. Una vida más feliz.

DIARIO

¿Cómo te sientes hoy? ¿Hay algo que te esté molestando? ¿Algo que te esté haciendo sentir particularmente feliz? Escribe un poco sobre tu estado de ánimo actual.

_____

_____

_____

_____

_____

_____

_____

_____

_____

_____

Ahora, utiliza la tabla que encontrarás a continuación para anotar tus estados de ánimo a diferentes momentos del día o de la semana. Para darte una idea, mira el ejemplo en la página 6.

Día y hora	Qué está pasando alrededor	Cómo me siento	Mi preocupación	¿Qué hice para ayudarme?	¿Cómo me sentí después?

Si tú te lo propones, podrás hacer de tu vida lo que quieres.

En este capítulo te mostraré varias formas de sentirte más en control sobre tu propia vida. Ya sea en el contexto de tu trabajo, de tu familia o de tu ámbito social, aquí te ofrezco las cinco maneras más importantes para mantenerte en control:

1. Maneja tu tiempo mejor

2. Controla tus reacciones con la respiración y la meditación

3. Proponte metas

4. Prepárate para situaciones difíciles

5. Vence tu inseguridad económica

1. MANEJA TU TIEMPO MEJOR

Uno de los mayores obstáculos a la felicidad es sentir que no disponemos de suficiente tiempo para hacer todo lo que tenemos que hacer: el trabajo, las compras, limpiar la casa, cuidar a los niños, cenar con amigos, etc. Si a veces sientes que las 24 horas del día simplemente no son suficientes, no eres el único. La gran mayoría de las personas tiene el mismo problema, y tenlo por seguro que a ellos también les causa mucho estrés. Si aprendes a manejar tu tiempo de manera más eficiente, puedes tomar control sobre esta área de tu vida que puede, en efecto, llegar a ser muy estresante.

EJERCICIO:

¿Cuál es tu sentido del tiempo?

Antes de empezar a hablar del tiempo y de encontrar maneras para mejorar la manera en que utilizas el tuyo, veamos cuál es tu sentido del tiempo. Responde a las siguientes preguntas:

1. ¿Sueles estar siempre de prisa?

    ☐ Sí   ☐ No

2. ¿Piensas mucho en cosas que pueden pasar en un futuro?

    ☐ Sí   ☐ No

3. ¿Encuentras que sueles hacer demasiados planes para el tiempo que tienes?

    ☐ Sí   ☐ No

4. ¿Miras el reloj con relativa frecuencia?

    ☐ Sí   ☐ No

5. ¿Sueles estar preocupado porque vas tarde para una cita?

    ☐ Sí   ☐ No

6. ¿Sientes que no te alcanzan las horas del día?

    ☐ Sí   ☐ No

7. ¿Te han dicho alguna vez que hablas demasiado rápido?

    ☐ Sí   ☐ No

8. ¿Sueles pensar más en lo que tienes que hacer y no en lo que estás haciendo?

☐ Sí   ☐ No

9. ¿Te cuesta trabajo esperar?

☐ Sí   ☐ No

10. ¿Te frustras cuando no recibes lo que necesitas en el momento en que lo necesitas?

☐ Sí   ☐ No

Si has respondido "Sí" a más de cinco preguntas, el tiempo es efectivamente un problema en tu vida. Tienes que aprender a cuidar el tiempo que tienes a tu disposición, y a hacer el mejor uso posible.

Una de las razones por las que no nos alcanza el tiempo es porque nosotros no cuidamos el tiempo que tenemos a nuestra disposición. Todos los días empiezan igual, con veinticuatro horas, ni más ni menos. Pero en vaz de considerar el tiempo como algo precioso, dejamos que se nos escape de las manos.

La mayoría de nosotros no sabemos en qué gastamos nuestro tiempo ni cuánto tiempo requieren realmente las cosas que tenemos que hacer. Si quieres bajarte el estrés y la ansiedad ahora mismo, empieza con darte más tiempo. Para eso hay que saber en qué empleas el tiempo que tienes disponible. A continuación te pido que hagas una lista de actividades, de todo lo que haces en el día. Empieza a llevar un diario contigo, en el que vas a anotar en qué pasas el tiempo. Quiero que seas lo más preciso y conciso posible. Durante una semana, apunta todo lo que haces desde que te levantas hasta que te acuestas, en intervalos de treinta minutos.

EJERCICIO:
Listado de actividades

Durante una semana, anota todo lo que haces todos los días. Intenta hacer que tus anotaciones sean lo más precisas y concisas posible. Apunta *todo* lo que haces desde que te levantas hasta que te acuestas, en intervalos de treinta minutos. Por ejemplo, dibuja algo así en una hoja de papel:

DÍA 1

Hora	Actividad
6:30 AM	Me levanto y despierto a los niños. Me doy un baño.
7:00 AM	Me visto y me maquillo. Preparo el desayuno.
7:30 AM	Lavo los platos. Leo el periódico.
8:00 AM	Dejo a los niños en la escuela.
8:30 AM	Voy de camino hacia el trabajo.

Y así sucesivamente. Ahora dibuja algo similar para el resto de los días de la semana. Después de terminar este diario, observa tu horario, y mira en cómo gastas tu tiempo. ¿En dormir? ¿En trabajar? Puede que pienses que la mayoría de tu tiempo se te va en el trabajo, pero ahora te das cuenta que gastas más tiempo cuidando de los niños o arreglando la casa. O tal vez te des cuenta que en toda la semana no tuviste un rato libre para ti.

REFLEXIONA:
¿Cómo manejas tu tiempo?

Al mirar este horario, ¿qué te sorprende? ¿Qué no te sorprende?

_____

_____

_____

_____

_____

¿En qué gastas demasiado tiempo?

_____

_____

_____

¿En qué no gastas suficiente tiempo?

_____

_____

¿Qué te gustaría cambiar en este listado de actividades? ¿Qué cambios puedes hacer para tener más tiempo? ¿En qué te gustaría gastar más tiempo?

_____

_____

_____

_____

_____

_____

Vive en el presente

Para vivir más en el presente, tienes que aprender a concentrarte en el momento y saborearlo a plenitud. No mires al futuro, no pienses en el pasado, sólo en el presente. Haz el siguiente ejercicio para entrenarte a vivir más en el presente y apreciar el instante actual.

No tengo futuro. Tengo sólo el presente
y tengo toda la intención de vivirlo intensamente,
a todo lo que da.

—*Sara Montiel*

EJERCICIO:
Saboreando el presente

1. La próxima vez que vayas a sentarte a cenar en un restaurante, tárdate un momento en realmente mirar y apreciar el plato que te ponen enfrente. Observa el color de la comida, el contraste de las texturas, aspira su olor. Fíjate también en tu entorno: nota la iluminación del lugar en donde estás, la decoración, y por supuesto la persona con la que estás sentado a la mesa. Tómate el tiempo de absorber todas estas sensaciones que te rodean antes de probar tu primer bocado. Una vez lo hagas, saborea la comida en tu boca. Aprecia su textura, su sabor y siente el gusto de masticar. Piensa en las sensaciones que te produce.

2. Prueba este ejercicio un día en que tengas la opción de quedarte en casa por la mañana, un día en que no tengas que ir a trabajar o a hacer cualquier otra cosa. Cuando te despiertes, no te levantes de la cama enseguida. Mantente acostado, con los ojos cerrados y los oídos atentos. ¿Qué oyes desde tu apartamento? ¿El ruido del tráfico, la canción de los pájaros? ¿Los niños jugando en la calle? ¿La gente saliendo a trabajar? Deja que tus oídos perciban todos los sonidos posibles. Trata de distinguir todo lo que puedas. Escucha bien, y aprenderás a oír de verdad.

3. Mira por la ventana de tu casa o de tu oficina. Observa el paisaje, míralo detalladamente. ¿Qué ves? Oye los ruidos de la calle, los colores de los árboles, las formas de las nubes. Realmente *mira* el paisaje que ves todos los días. Descubre algún detalle que jamás habías visto. Conéctate con la escena

y aprecia ese pedacito del mundo a que tienes acceso desde
la intimidad de tu ventana. Descubre lo que lo hace único.

Todos los días se presentan cientos de momentos para saborear: en la
ducha, de camino al trabajo, en la cama antes de dormir. Cada día, intenta encontrar un nuevo momento para saborear. Verás como poco a
poco esto te ayudará a bajarle al ritmo acelerado de tu existencia, y a
vivir tu vida más plenamente.

2. CONTROLA TUS REACCIONES CON LA RESPIRACIÓN Y LA MEDITACIÓN

Cuando nos encontramos ante una situación adversa o incómoda, comenzamos a preocuparnos y a sentir ansiedad. A algunas personas se les
agita la respiración, a otras les sudan las manos, otras comienzan a tarta-
mudear o a sentir que el corazón les corre a mil por hora. Una vez llegas
a ese punto, es muy difícil hacer marcha atrás porque ya has entrado en
un estado de nerviosismo que no te deja ver las cosas con claridad.

Por eso, creo que es importante que aprendamos a detener estos sentimientos antes siquiera de que comienzan a manifestarse. Apenas co-
mienzas a sentir esa agitación interna, necesitas bloquearla de inmediato
y no dejar que afecte tu juicio.

A continuación, te ofrezco una serie de ejercicios de respiración y
meditación que te ayudarán a reducir la ansiedad.

EJERCICIO:
Respiración

Los ejercicios de respiración profunda son excelentes para controlar la ansiedad en el momento en que está ocurriendo. Siempre y cuando se haga bien, despacio, concentrándose en la inhalación y la exhalación, es imposible pensar en nada más. El objetivo de este ejercicio es despejar la mente, y olvidarse de aquello que está causando la ansiedad.

1. Cierra los ojos.

2. Inhala hasta el punto de sentir que la barriga se te llena. Despacio. Cuenta mientras respiras hacia adentro: un millón, dos millones, tres millones, cuatro millones, y así sucesivamente hasta que llegues a veinte.

3. Demórate un poco más expulsando el aire. Cuando ya vayas a terminar de exhalar, llega a veinticinco.

4. Repite el ejercicio cuantas veces sea necesario para tranquilizarte.

Para hacer este ejercicio, necesitas concentrarte por completo en el gesto de inhalar y exhalar, sacando todos los demás pensamientos de tu mente. Muy pronto notarás cómo va disminuyendo la tensión en tu cuerpo, y verás cómo dejas de pensar en las miles de cosas que se agitan sin cesar en tu cabeza.

Si practicas este ejercicio todos los días, varias veces al día, pronto se te volverá una actividad automática. No sólo para aliviar el estrés o la ansiedad de una situación difícil, sino también como una manera de despejarte la mente antes de una reunión importante, o en el transcurso de un día agitado. Inténtalo, y rápidamente comenzarás a notar un cambio tanto en tu actitud como en el control que tienes sobre los momentos estresantes y angustiosos de tu vida.

Otra manera de aclarar y limpiar la mente de sentimientos y creencias negativas es a través de la meditación. Al igual que el ejercicio anterior, la meditación empieza con la respiración profunda. La meditación puede durar veinticinco minutos, una hora o más. No importa cuánto dura, lo que importa es que te permita vaciar la mente y alejarla de todos problemas.

La respiracón es el método de relajación
más eficiente en términos de dinero y de tiempo
que he descubierto.
—*El Dr. Andrew Weil*

EJERCICIO:
Meditación y visualización

1. Encuentra una posición cómoda. Puede ser acostado en tu cama, sentado en un sillón o en el piso. El lugar no importa, lo que importa es que sientas que tu cuerpo está completamente relajado y sin tensión.

2. Cierra los ojos. Empieza a respirar lentamente, inhalando y exhalando siguiendo las recomendaciones del ejercicio anterior.

3. Deja que tu mente divague. No te impongas pensamientos, ni tampoco te aferres a ellos. Déjalos entrar y salir de tu conciencia como el fluir de un río.

4. Una vez sientas que estás relajado, empieza a visualizar un evento positivo del pasado. Encuentra un momento de tu vida en el que recuerdas haberte sentido feliz. Puede ser la casa de tus abuelos, una comida con amigos, o una tarde que pasaste en la playa. Recuerda cada detalle. Visualiza el momento. Piensa en cómo te sentías. Déjate invadir por esa sensación de bienestar.

3. PROPONTE METAS

Parte de tener control sobre tu propia vida es fijarte metas. Si se quiere crecer, aprender y llegar a ser una persona más feliz, es importante ponerse metas y trabajar para cumplirlas. Y no me refiero a metas generales como "Quiero ser exitoso" o "Quiero encontrar el amor". Me refiero a metas específicas y tangibles que de verdad se pueden alcanzar.

Por ejemplo, si quieres encontrar el amor en tu vida, no basta con decirte "Quiero enamorarme". Sin embargo, si te fijas una meta más clara, como "Quiero una pareja que sea cariñosa, divertida y generosa", entonces te estás facilitando la tarea. Entre más específica sea tu meta, más fácil te será alcanzarla, ya que sabrás exactamente lo que estás buscando.

Fija tus metas

La manera en que te fijas las metas que quieres lograr afecta directamente las posibilidades que tienes de cumplirlas. A continuación, te ofrezco algunas sugerencias de cómo fijarte metas útiles:

1. **Sé positivo:** Parece muy obvio, pero para mucha gente no lo es: Tienes que expresar tus metas en términos positivos. En lugar de decirte "Quiero dejar de ser desempleado", debes pensar "Quiero conseguir aquel trabajo".

2. **Sé preciso:** Como ya te lo expliqué anteriormente, es necesario que seas lo más preciso posible con las metas que te propones. Determina cómo, cuándo y dónde quieres alcanzar tu meta, y ponte parámetros específicos de lo que quieres que sea.

3. **Determina tus prioridades:** Cuando tienes varias metas, tienes que darle un nivel de prioridad a cada una. ¿Es más importante comprar casa o terminar mi postgrado? ¿Me preocupa más escribir mi propio libro o crear mi propia compañía? Éstas son las preguntas que debes hacerte. Te ayudarán a determinar cuáles son las más importantes, y en cuáles te quieres concentrar más.

4. **Piensa en pequeño:** A pesar de tener metas grandes que quieres alcanzar, intenta dividirlas en metas más pequeñas y más fáciles de manejar. En lugar de decir "Quiero ser abogado", sería mejor pro-

ponerte "Quiero presentar mi solicitud para entrar a la facultad de derecho". Si te propones algo demasiado grande sin darte la posibilidad de tener 'mini metas' intermedias, es posible que te desanimes y renuncies del todo a tu meta.

REFLEXIONA:
¿Cuáles son tus metas?

Siguiendo los consejos anteriores, te invito a que determines cuáles son tus metas para el futuro. Como el concepto del 'futuro' es extremadamente amplio, te propongo que comiences por fijarte metas específicas para las siguientes áreas de tu vida:

• **Artística:** ¿Tienes alguna aspiración artística en tu vida? ¿Cuál?

_____

_____

_____

_____

_____

• **Educación:** ¿Cuáles son tus metas educativas? ¿Quieres seguir estudiando? ¿Quisieras volver a estudiar? ¿Qué educación adicional necesitas para alcanzar algunas de tus otras metas?

_____

_____

_____

_____

_____

- **Profesional:** ¿A dónde quieres llegar con tu carrera? ¿Quieres seguir en lo que estás haciendo, o quisieras cambiar de ocupación?

_____

_____

_____

_____

- **Espiritual:** ¿Tienes alguna meta espiritual que quieres alcanzar en tu vida? ¿Acercarte más a Dios? ¿O quizás aprender más de otras religiones y formas de pensar?

_____

_____

_____

_____

- **Físico:** ¿Tienes alguna meta deportiva que quisieras lograr? ¿Hay algún aspecto de tu salud que quieres mejorar?

_____

_____

_____

_____

_____

- **Financiero:** ¿Cuánto dinero quisieras ganar o ahorrar, y para cuándo?

_____

_____

_____

_____

- **Actitud:** ¿Hay algún aspecto particular de tu personalidad que quisieras cambiar? ¿Hay algo que sientes que te está impidiendo crecer y evolucionar?

_____

_____

_____

_____

- **Familia:** ¿Quieres tener hijos? Y si ya los tienes, ¿qué quieres poder ofrecerles? ¿A qué aspiras como padre? ¿Como pareja? ¿Como hijo? ¿Como hermano?

_____

_____

_____

_____

_____

- **Servicio social:** ¿Quieres contribuir a mejorar el mundo en el que vives? ¿Cómo?

_____

_____

_____

_____

_____

- **Tiempo:** ¿Cómo quieres poder utilizar tu tiempo libre? ¿Cuál es el equilibrio que quisieras tener entre el trabajo y el placer?

_____

_____

_____

_____

Esfuérzate por hacer que tus respuestas a cada pregunta sean lo más precisas posibles. Recuerda, entre más específicas sean, más fácil te será alcanzar tus metas.

Plan de acción

Ahora que ya tienes en mente la lista de metas que quieres alcanzar en cada área de tu vida, vamos a implementar un plan de acción para lograrlas. Y el primer paso en este plan de acción es determinar el tiempo que te quieres otorgar para cumplir cada meta. Esto es una parte *esencial* de que puedas lograr lo que te propones. El fijar un plazo determinado para cumplir tu meta es lo que la hará real, porque cada vez que veas el calendario te acordarás del propósito que te has fijado y de lo que tienes que hacer para alcanzarlo.

EJERCICIO:

Cómo realizar tus metas

Mira tus respuestas del ejercicio anterior, y elije las cinco metas más importantes que quieres lograr. Organízalas en orden de importancia, y escríbelas a continuación:

META #1:_____

_____

META #2:_____

_____

META #3:_____

_____

META #4:_____

_____

META #5:_____

_____

Es posible que algunas de estas metas sean a corto plazo, y otras a más largo plazo. Sea cual sea la meta que te quieres proponer, fíjate un límite de para cuando quieres cumplirla. Es importante que te des un plazo de tiempo realista.

Por ejemplo, está muy bien si una de tus metas es ser médico. Pero no puedes darte la meta de ser médico en dos años porque eso simplemente no es posible. Tienes que investigar cuánto tiempo se tarda en volverse médico, y a partir de ahí, fijarte una meta y una fecha *realista*.

Por otro lado, no te fijes plazos demasiado relajados. Si una de tus metas es ponerte en forma, no te recomiendo que te des cinco años para hacerlo, ya que esto es algo en lo que puedes empezar a trabajar desde ahora mismo.

Así que tómate el tiempo necesario para fijarte el plazo de tiempo adecuado para cada meta.

El camino para llegar a donde uno quiere no es fácil.
Para alcanzar las metas que uno se propone
hay que hacer sacrificios.

—Fernando Arau

REFLEXIONA:
Examina cada meta con más detalle.

META #1:_____

Plazo: ¿Para cuándo quieres alcanzar esta meta?

_____

Etapas: ¿Cuáles son las mini metas que te llevarán a completar tu meta grande? Escribe cuantas sean necesarias.

- _____
- _____
- _____
- _____
- _____

¿Cuál es el plazo que deseas ponerle a cada una de tus mini metas?

Mini meta	Plazo
_____	_____
_____	_____
_____	_____
_____	_____
_____	_____

META #2: _____

Plazo: ¿Para cuándo quieres alcanzar esta meta?

_____

Etapas: ¿Cuáles son las mini metas que te llevarán a completar tu meta grande? Escribe cuantas sean necesarias.

- _____
- _____
- _____
- _____
- _____

¿Cuál es el plazo que deseas ponerle a cada una de tus mini metas?

Mini meta	Plazo
_____	_____
_____	_____
_____	_____
_____	_____

META #3: _____

Plazo: ¿Para cuándo quieres alcanzar esta meta?

_____

Etapas: ¿Cuáles son las mini metas que te llevarán a completar tu meta grande? Escribe cuantas sean necesarias.

- _____
- _____

- _____
- _____
- _____

¿Cuál es el plazo que deseas ponerle a cada una de tus mini metas?

Mini meta   **Plazo**

_____   _____

_____   _____

_____   _____

_____   _____

_____   _____

META #4: _____

Plazo: ¿Para cuándo quieres alcanzar esta meta?

_____

Etapas: ¿Cuáles son las mini metas que te llevarán a completar tu meta grande? Escribe cuantas sean necesarias.

- _____
- _____
- _____
- _____
- _____

¿Cuál es el plazo que deseas ponerle a cada una de tus mini metas?

Mini meta   **Plazo**

_____   _____

_____   _____

_____   _____

_____   _____

_____   _____

META #5: _____

Plazo: ¿Para cuándo quieres alcanzar esta meta?

_____

Etapas: ¿Cuáles son las mini metas que te llevarán a completar tu meta grande? Escribe cuantas sean necesarias.

- _____
- _____
- _____
- _____
- _____

¿Cuál es el plazo que deseas ponerle a cada una de tus mini metas?

Mini meta   **Plazo**

_____   _____

_____   _____

_____   _____

_____   _____

_____   _____

Guarda esta lista en un lugar en el que la tengas a mano. No olvides consultarla con frecuencia para asegurarte de que estás al día con las metas que te has propuesto, y los plazos que te has dado para lograrlas.

4. PREPÁRATE PARA LAS SITUACIONES DIFÍCILES

Es inevitable que en la vida te encuentres con situaciones difíciles. A nadie le gusta tener que lidiar con una persona o a una situación desagradable, pero el único remedio a la incomodidad que sentimos es, simplemente, enfrentarlo. A veces, cuando nos encontramos en una situación difícil sentimos que el mundo se va a acabar y que nunca lograremos vencer el temor o la ansiedad que nos produce dicha situación. Pero como lo habrás visto ya en el pasado, todo termina superándose, todo termina pasando. Lo importante es enfrentar los problemas cara a cara, para salir de ellos lo más rápidamente posible.

REFLEXIONA:
Enfrentar un problema

Todos tenemos problemas, algunos más grandes que otros. A continuación quiero que te concentres en una situación o un problema que te está agobiando en este momento, no importa cuán grave sea. Puede ser algo tan simple como que tienes que cancelar los planes que tienes para salir con una amiga, hasta tener que decirle a tu jefe que quieres un aumento. Independientemente de qué tan difícil es la situación en términos objetivos, tiene que ser algo que te causa un cierto grado de ansiedad o preocupación a ti en particular.

Primero, describe en unas cuantas frases, cuál es tu problema.

_____

_____

_____

_____

_____

Ahora, piensa en qué quieres lograr al enfrentar el problema. ¡Ojo! Este es un paso muy importante. Si no tienes algo concreto que quieres lograr con el enfrentamiento, tal vez no valga la pena llevarlo a cabo. Con una finalidad clara en mente, te será mucho más fácil soportar la dificultad del enfrentamiento.

_____

_____

_____

_____

_____

_____

Ahora, tómate un momento para visualizar el momento del enfrentamiento. Piensa en lo que quieres decir y haz una lista precisa de tus argumentos. ¿Cuáles son tus puntos más importantes? ¿Qué evidencia tienes para apoyar tus argumentos? Si se trata de una situación en la que tienes que *hacer* algo y no necesariamente discutir, piensa en los pasos que tienes que seguir.

_____

_____

_____

_____

_____

_____

_____

_____

El siguiente paso es visualizar el resultado del enfrentamiento. ¿Cómo crees que va a reaccionar la persona a la que tienes que enfrentar? ¿Qué te va a decir? Intenta imaginarte cuál será la respuesta de la otra persona, y lo que te dirá. Entre más preciso seas en esta parte del ejercicio, mejor preparado estarás para responder con tus propios argumentos.

_____

_____

_____

_____

_____

_____

_____

Finalmente, visualiza los posibles resultados del enfrentamiento. ¿Qué crees que pasará? Trata de mirar todas las opciones posibles, desde la más descabellada hasta la más lógica. Piensa en cómo te sentirías con cada cosa que podría pasar, y en cuál sería el resultado ideal.

_____

_____

_____

_____

_____

_____

_____

Una vez completados todos estos pasos, ¿cómo te sientes? ¿Te sientes más en control? ¿Por qué?

_____

_____

_____

_____

_____

A la hora de enfrentarse a una situación o una persona difícil, lo más importante es limitar el factor sorpresa. En el ejercicio anterior, aprendimos a planear y visualizar el enfrentamiento. Esto nos ayuda a perderle el temor a la situación, y sentirnos más en control.

5. VENCE TU INSEGURIDAD ECONÓMICA

Todos hemos oído decir por lo menos una vez en nuestras vidas: "El dinero no hace la felicidad". Y la verdad es que no hay nada más cierto. Por supuesto, no es fácil ser feliz sin dinero, ya que una situación económica precaria puede causar mucho estrés. Pero la clave no está en _cuánto_ dinero tienes, sino en _cómo lo manejas_. Mientras más control tengas sobre tus finanzas y menos estrés te causen, más feliz podrás ser.

En los siguientes ejercicios, te invito a que analices tus gastos actuales e intentes encontrar mejores maneras de manejar tu dinero.

EJERCICIO:

Análisis de gastos

En la siguiente tabla, haz una lista de los gastos fijos generales que haces cada mes: aquellos que no puedes cambiar de un día para otro.

Gasto	Mensual	Anual
Alquiler/Hipoteca		
Electricidad		
Teléfono		
Mercado/comida		
Transporte		
Seguros		
Medicina		
Deudas		
Otros		
TOTAL		

Ahora anote los gastos que varían cada mes:

Gasto	Mensual	Anual
Ropa/Zapatos		
Entretenimiento		
Productos electrónicos		
Otros		
TOTAL		

Tus gastos son bastantes, ¿no? Pero así es la vida de hoy, y es normal. Ahora, hay gastos particulares a cada persona, y es importante que esos también los tomes en cuenta. Pero muchas veces son difíciles de determinar, ya que hacen parte de la vida diaria, y muchas veces ni nos damos cuenta de cuánto y cómo gastamos.

Por ejemplo, si te encanta leer, es posible que gastes un porcentaje significativo de tus ingresos en comprar libros. Por otro lado, si eres una *fashionista* empedernida, puede que gastes mucho de tu dinero en comprar ropa.

Sea cual sea el caso, te invito a que hagas el siguiente ejercicio para determinar en qué más gastas tu dinero.

Todos tenemos más dinero del que creemos.
El problema está en que con frecuencia lo
malgastamos en cosas insignificantes que deseamos,
pero que en realidad no necesitamos.
—David Bach

EJERCICIO:

Cuaderno de gastos

Durante una semana, todos los días, vas a anotar cada centavo que gastas, ya sea con tarjeta de crédito, tarjeta débito o efectivo. Ya sé que puede parecer aburrido de hacer, pero es importante que lo hagas. Anótalo *todo*. Una vez hayas completado la semana entera, vamos a evaluar en qué estas gastando demasiado dinero y qué podemos hacer para remediarlo.

DÍA 1

_____ $_____

_____ $_____

_____ $_____

_____ $_____

_____ $_____

_____ $_____

_____ $_____

_____ $_____

_____ $_____

_____ $_____

TOTAL $_____

DÍA 2

_____ $_____

_____ $_____

_____ $_____

_____ $_____

_____ $_____

_____ $_____

_____ $_____

_____ $_____

_____ $_____

_____ $_____

TOTAL $_____

DÍA 3

_____ $_____

_____ $_____

_____ $_____

_____ $_____

_____ $_____

_____ $_____

_____ $_____

_____ $_____

_____ $_____

_____ $_____

TOTAL $_____

DÍA 4

_____ $_____

_____ $_____

_____ $_____

_____ $_____

_____ $_____

_____ $_____

_____ $_____

_____ $_____

_____ $_____

_____ $_____

TOTAL $_____

187

DÍA 5

_____ $_____

_____ $_____

_____ $_____

_____ $_____

_____ $_____

_____ $_____

_____ $_____

_____ $_____

_____ $_____

_____ $_____

TOTAL $_____

DÍA 6

_____ $_____

_____ $_____

_____ $_____

_____ $_____

_____ $_____

_____ $_____

_____ $_____

_____ $_____

_____ $_____

_____ $_____

TOTAL $_____

DÍA 7

_____ $_____

_____ $_____

_____ $_____

_____ $_____

_____ $_____

_____ $_____

_____ $_____

_____ $_____

_____ $_____

_____ $_____

TOTAL $_____

TOTAL SEMANA: $_____

Al final de la semana, suma todos tus gastos, y clasifícalos por categorías: Comida, Entretenimiento, Ropa, Transporte, etc. Añade cuantas categorías consideres necesarias.

Comida $_____

Entretenimiento $_____

Ropa $_____

Transporte $_____

_____ $_____

_____ $_____

_____ $_____

_____ $_____

Observa la lista anterior. ¿En qué puedes decir que se te va el dinero?

_____

_____

_____

¿Te parece justificado, o hay algunos gastos que crees que podrías limitar? ¿Cuáles?

_____

_____

EJERCICIO:

Cómo ahorrar dinero

Utilizando la información que descubriste en el ejercicio anterior, te voy a dar algunos consejos que te podrían ayudar a ahorrar un poco de dinero y así aliviar tus preocupaciones financieras.

1. En la primera columna de la siguiente tabla, escribe el área de gastos en la que piensas que puedes ahorrar. Por ejemplo, si encontraste que un gran porcentaje de tus gastos semanales se van en comprar ropa, escribe "Ropa" en la primera columna.

2. En la segunda columna, escribe la cifra total que te gastas al mes en dicha área.

3. En la tercera columna, establece de cuánto podrías reducir tus gastos al mes. Si te gastas $85 al mes en ropa, por ejemplo, es realista pensar que podrías hacer el esfuerzo por gastar sólo $50 al mes.

4. En la cuarta columna escribe cuánto te ahorrarías al mes. En el caso del ejemplo anterior, esto sería $35.

5. Para la quinta columna, toma la cifra que escribiste en la cuarta columna y multiplícala por 12 (los doce meses del año). Esto te dará la cantidad de dinero que te ahorrarías al año.

6. Por último, multiplica la cifra anterior por 5, y verás cuánto dinero podrías ahorrarte en 5 años.

Ejemplo:

Gastos (por área)	Lo que te gastas en esto al mes…	Si gastaras sólo x al mes…	Te ahorrarías esto al mes	Te ahorrarías esto cada año	Te ahorrarías esto cada cinco años
Ropa	$85	$50	$35	$420	$2,100

Ahora te toca a ti… Empieza a calcular, y descubre la riqueza que se esconde en tus gastos diarios. ¡Puede ser mucho más de lo que te imaginas!

Gastos (por área)	Lo que te gastas en esto al mes…	Si gastaras sólo x al mes…	Te ahorrarías esto al mes	Te ahorrarías esto cada año	Te ahorrarías esto cada cinco años
TOTAL					

¿Te das cuenta de cuánto dinero te podrías ahorrar? ¡Sólo piensa en la flexibilidad económica que te daría ese dinero de más, y los proyectos que podrías llevar a cabo! Es sólo un pequeño esfuerzo que podría llegar a llevarte muy lejos…

*La clave no está en cuánto **dinero tienes**,*
*sino en **cómo lo manejas**.*

Unas últimas palabras

Tú eres el maestro de tu propia vida. Aunque es normal que te afecten ciertos elementos como tus creencias, tus temores o inseguridades, no debes dejar que lleguen a tal punto de regir tu vida. Tienes el poder más importante y valioso de todos: ¡el de cambiar! Confía en tí mismo y muy pronto verás cómo tu vida se convertirá en exactamente lo que tú quieres que sea. ¡Esa es la verdadera felicidad!

Capítulo siete

~~~

LAS CONEXIONES PERSONALES
SON FUNDAMENTALES

PASO 6:
Rodéate de personas positivas

A la hora de ser feliz, lo más importante en la vida son las relaciones que forjamos. La familia, los amigos y la gente con la que nos relacionamos en la vida diaria son lo que le da sentido a nuestra existencia. ¿Para qué tener más tiempo libre si no es para pasarlo con nuestros seres queridos? ¿Para qué acumular una fortuna si no tienes con quién compartirla? El hombre es por naturaleza un ser social, y la mejor manera de vivir una vida plena y feliz es cultivando los lazos que nos unen a las demás personas. Son a la vez la mayor fuente de inspiración, y la mejor red de apoyo.

En este capítulo, vamos a concentrarnos en las personas que forman parte de nuestras vidas. No puedes hacerlo todo tú solo. Todo el mundo necesita tener varias relaciones significativas para vivir una vida más feliz. Ya sean amigos, familiares o hasta colegas, son aquellas personas que se preocupan por nosotros, que nos quieren, que nos apoyan.

No puedes hacerlo todo tú solo.

DIARIO

¿Cómo te sientes hoy? ¿Te sientes querido? ¿Sientes que tienes por lo menos a una persona que te apoya y que se preocupa por ti? ¿Por lo menos una persona con quien puedes hablar y desahogarte?

_____

_____

_____

_____

_____

_____

_____

_____

_____

_____

_____

_____

_____

_____

Ahora, utiliza la tabla que encontrarás a continuación para anotar tus estados de ánimo a diferentes momentos del día o de la semana. Para darte una idea, mira el ejemplo en la página 6.

Día y hora	Qué está pasando alrededor	Cómo me siento	Mi preocupación	¿Qué hice para ayudarme?	¿Cómo me sentí después?

REFLEXIONA:
Relaciones con familiares y amigos

Piensa en la gente que hace parte de tu vida. ¿Quiénes consideras que son tus amigos y confidentes más cercanos? ¿A quiénes te gustaría acercarte más? Piensa en todas esas personas que han formado parte de tu vida durante un momento u otro, y que de alguna manera han contribuido a la persona que eres hoy. Piensa en lo que te han aportado, y también lo que tú les has aportado a ellos.

_____

_____

_____

_____

_____

_____

_____

_____

_____

_____

_____

_____

_____

_____

_____

_____

_____

_____

_____

_____

En tu círculo familiar y social, ¿quiénes consideras que son personas positivas?

_____

_____

_____

_____

_____

_____

¿Cuáles son las cualidades que más admiras en estas personas? Piensa en cómo se relacionan estas personas no sólo contigo sino con el resto del mundo. ¿Cómo crees que las perciben los demás?

_____

_____

_____

_____

_____

¿Cuáles de estas cualidades te gustaría tener tú también?

_____

_____

_____

_____

_____

¿Cómo sientes que la actitud de estas personas positivas afecta tu propia actitud y comportamiento cuando estás con ellas? Intenta recordar algún momento del pasado en que una de estas personas influenció tu forma de pensar o actuar.

_____

_____

_____

_____

_____

_____

_____

_____

Forma un grupo de apoyo

Nadie puede pasar por la vida sin tener un grupo de apoyo. Por más independientes que seamos, por más individualistas que creamos ser, el ser humano nació para relacionarse con los demás. Por naturaleza, cuando estamos en grupo nos esforzamos por ser mejores personas, y por contribuir al bien común. Cuando contamos con el apoyo de los demás nos es mucho más fácil alcanzar nuestras metas, y de la misma manera, cuando le brindamos apoyo a otra persona nos sentimos apreciados y valorados.

EJERCICIO:
¿Quién es tu grupo de apoyo?

Así no seamos conscientes de ello, todos tenemos algún tipo de grupo de apoyo. Ya sea que consista de una sola persona o de diez, un grupo de apoyo son aquellas personas a las que acudes en tiempos de incertidumbre, miedo o necesidad. Para la gran mayoría de nosotros, un grupo de apoyo importante es nuestra familia, pero no siempre tiene que ser así. Pueden ser también amigos, profesores o colegas.

En el siguiente ejercicio, te invito a que descubramos quién es tu grupo de apoyo. Vas a mirar de cerca la gente que hace parte de cada área de tu vida (ya sea familiar, social o profesional) y vas a mirar quiénes son las personas con las que cuentas.

En lo familiar:

Persona	Cómo me apoya o ayuda

En lo profesional:

Persona	Cómo me apoya o ayuda

En lo social:

Persona	Cómo me apoya o ayuda

Observa tus respuestas. ¿Hay algún área en el que quisieras tener más apoyo? ¿Cuál?

_____

_____

_____

Piensa en otras personas que quisieras que entraran a formar parte de tu grupo de apoyo. ¿Quiénes son? ¿Qué te aportarían? ¿Qué les podrías aportar tú a ellos? Recuerda que la amistad es antes que nada un arte de reciprocidad y tienes que poder darles a los demás todo lo que esperas recibir.

_____

_____

_____

_____

_____

_____

_____

_____

_____

_____

> *La primera obligación del hombre es ser feliz*
> *y la segunda es hacer feliz a los demás.*
> —*Mario Moreno "Cantinflas"*

Mantente conectado

El ritmo desenfrenado de la vida moderna muchas veces hace que no tengamos el tiempo suficiente para ir a cenar con un amigo, pasar un domingo en familia, o siquiera sentarnos desayunar por la mañana. A todos nos pasa que nos dejamos llevar por fechas de entrega y listas interminables de cosas que hacer... y olvidamos dedicarle tiempo a lo más importante: las personas que hay en nuestras vidas.

Tómate un momento para pensar en tus seres queridos y la última vez que pasaste tiempo con ellos. No me refiero a una conversación telefónica a toda velocidad, o a una cita rápida entre dos reuniones. Piensa en cuándo fue la última vez que tuvieron tiempo *de verdad,* para hablar de cosas que van más allá del diario vivir. ¿Cuándo fue la última vez que fuiste a cenar con tus mejores amigos? ¿Cada cuánto ves a tus padres u otros familiares? ¿Sales algunas veces a comer con tus colegas? Piensa en las personas que forman parte de tu vida, y evalúa qué tanta atención les estás poniendo.

Con mis amigos...

_____

_____

_____

_____

Con mi familia…

Con mis colegas…

_____

_____

_____

_____

_____

_____

_____

_____

_____

¿Qué consideras que estás haciendo bien? ¿Qué te gustaría mejorar?

_____

_____

_____

_____

_____

EJERCICIO:
Ponte metas

Utilizando las técnicas que aprendiste en el capítulo anterior para fijarte metas generales para tu vida, quiero que te concentres ahora en fijarte metas para tus relaciones personales. Relee lo que escribiste en el ejercicio anterior y pregúntate: ¿qué quiero hacer para mejorar mi relación con cada una de las personas que forma parte de mi grupo de apoyo? ¿Cómo puedo asegurarme de que nos veamos con más frecuencia? ¿Qué puedo hacer para apoyar más a esta persona? Verás que el sólo hecho de pensar en estas cosas te animará a hacer los esfuerzos y los cambios que necesitas hacer para mejorar tus relaciones.

En el área…

Familiar:

_____

_____

_____

_____

_____

_____

_____

_____

_____

_____

_____

Social:

_____

_____

_____

_____

_____

_____

_____

_____

_____

_____

_____

Profesional:

_____

_____

_____

_____

_____

_____

_____

_____

_____

_____

A lo largo de estos ejercicios has escrito lo que opinas sobre tus seres queridos. Ahora quiero que pienses en cómo quisieras que tus amigos y familiares se acuerden de *ti*. ¿Cuáles son las cualidades o los logros que tú quieres que la gente recuerde de ti?

- _____

- _____

- _____

- _____
- _____
- _____
- _____
- _____

Este ejercicio te ayudará a enfocarte en fomentar esas cualidades y esos logros que verdaderamente marcan una diferencia en la vida de otros. Te ayudará a restarle importancia a los problemas de todos los días porque le estarás dando más prioridad a lo que verdaderamente importa. Cuando sientas que tus problemas están afectando tu forma de ser o tu actitud hacia otros, vuelve a pensar en cómo quisieras que tus compañeros y seres queridos te recuerden y en cómo puedes mejorar la relación que tienes con ellos.

Unas últimas palabras

La mayor riqueza que tienes en tu vida son las personas que forman parte de ella. Tu familia, tus amigos, tus colegas o tus jefes… Todos son personas que contribuyen diariamente a que seas la persona tan única y especial que eres. Son quienes mejor te conocen, los que más se preocupan por ti. Por eso siempre que tengas problemas, piensa en este grupo tan valioso de personas que te quieren y recuerda que cuentas con su apoyo incondicional. Son tu mayor razón para cambiar, ¡y también tu mejor recurso!

Capítulo ocho

❦

LOS PEQUEÑOS CAMBIOS MARCAN LA DIFERENCIA

PASO 7:
Alcanza más felicidad con tu estilo de vida

Hemos llegado al séptimo y último paso para ser más feliz. Te felicito por tu perseverancia. Te felicito por el trabajo que has hecho y por tu determinación de ser más feliz. Haz aceptado el reto de reevaluar tu vida, y no todo el mundo tiene el coraje de enfrentar esta difícil tarea. Estoy orgullosa de ti, y espero que tú también lo estés.

Ya has hecho el trabajo más difícil. Por eso, en este capítulo nos vamos a enfocar en encontrar las muchas otras maneras en las que puedes levantarte el ánimo y mejorar tu vida cotidiana.

DIARIO

Piensa en cómo te estás sintiendo en este momento. ¿Feliz?
¿Triste? ¿Estresado? Trata de pensar en las pequeñas cosas del día
de hoy que le han dado un toque positivo a tus experiencias del
día. ¿Cómo te hacen sentir?

_____

_____

_____

_____

_____

_____

_____

_____

_____

_____

_____

_____

Ahora, utiliza la tabla que encontrarás a continuación para anotar tus estados de ánimo a diferentes momentos del día o de la semana. Para darte una idea, mira el ejemplo en la página 6.

Día y hora	Qué está pasando alrededor	Cómo me siento	Mi preocupación	¿Qué hice para ayudarme?	¿Cómo me sentí después?

Si te fijas detenidamente en las pequeñas cosas de la vida que te levantan el ánimo, tengo la certeza de que encontrarás un sinfín de maneras de sentirte más feliz. En este capítulo, te sugiero cinco maneras de cambiar tu estilo de vida para sentirte más feliz, pero recuerda que hay muchas más y que no tienes por qué limitarte sólo a estas.

1. Conéctate con tu poder supremo

2. Vence el estrés con el ejercicio

3. Cuida tu cuerpo

4. Aprende algo nuevo

5. Vive una vida con sentido

> *La felicidad es un estado de ánimo placentero que suele acompañar a la idea de que la vida merece la pena.*
> —*Luis Rojas Marcos*

1. CONÉCTATE CON TU PODER SUPREMO

El espíritu es la fuente de nuestra paz, donde podemos encontrar la serenidad para tranquilizar las ansiedades y los temores, y contrarrestar el estrés. Para alimentar el espíritu, tienes que conectarte con tu poder supremo. Es la manera de encontrar la paz y tranquilidad necesaria para sentirse bien.

El creer en un ser supremo, ya sea Dios o una fuerza creadora universal, es muy importante ya que nos enseña a tener fe. No sólo fe en el mundo y lo que representa, pero también fe en nosotros mismos y lo que podemos alcanzar. Aun si no eres religioso o no crees en un ser supremo, es importante que tengas esa fe. Es la que te tranquilizará en momentos de estrés, la que te dará fuerzas en momentos de adversidad.

La importancia de la oración

La oración es una manera de pedir ayuda o dar las gracias a un ser supremo. Es la manera de conectarse con la fe y con el reconocimiento que se siente por cualquier cosa que nos sucede: un nuevo trabajo, una comida deliciosa, una familia sana o hasta un día de sol.

Así no creas en un ser supremo, el repetir una misma serie de palabras todas las mañanas y todas la noches es una manera de conectarte con tu espiritualidad, y recordarte que tienes una fuerza interna que va más allá de lo que puedes llegar a lograr en el mundo práctico.

EJERCICIO:
Encuentra tu oración

Es importante encontrar una oración que de verdad le dé sentido a tu vida. De nada sirve que repitas el Padre Nuestro todas las mañanas si lo haces mecánicamente, sin sentimiento y sin interiorizar realmente las palabras que estás diciendo. Así que encuentra una oración que de verdad te llegue al corazón. Puede ser un poema, una frase de una persona famosa o hasta unas cuantas líneas escritas por ti. Puede ser cualquier cosa, siempre y cuando sea algo que sientes que te conecta con la fe que tienes en tu corazón. Escríbela a continuación.

_____

_____

_____

_____

_____

_____

_____

_____

Apréndetela de memoria, y repítela por lo menos una vez al día. Verás el efecto tranquilizante que tiene. Recuerda que siempre es importante orar por ti mismo, pero también por los demás. Deja que tus sentimientos fluyan hacia tus personas amadas y hacia tu interior. Déjate llevar por lo que sientes.

La oración es el único medio de ponerle orden y paz
y reposo a nuestras acciones cotidianas.
Cuida las cosas vitales,
y las otras cosas se cuidarán por sí mismas.

—Mahatma Gandhi

La búsqueda de la alegría

Como ya lo hemos visto en los capítulos anteriores, la felicidad es algo completamente subjetivo a cada cual. Toma tiempo encontrarla, y se manifiesta de muchas maneras. Pero una manera de acercarnos a la felicidad es concentrándonos en lo que nos hace sentir alegría.

Todos hemos tenido esos días en que por ninguna razón aparente, nos sentimos alegres. Pero si nos sentamos a mirarlo con más detenimiento, podemos descubrir las razones que por más pequeñas que sean, nos hacen sentir más contentos.

EJERCICIO:
¿Qué te da alegría?

El reconocido autor francés Philippe Delerm escribió hace unos años un libro titulado *El primer sorbo de cerveza y otros placeres minúsculos*. En él, habla de aquellos pequeñísimos momentos de la vida en los que sentimos un gran placer, como por ejemplo cuando se toma el primer sorbo de una cerveza bien fría. Pero puede ser cualquier otra cosa: meterse a la cama con sábanas recién lavadas, caminar por un parque en un día de sol o saborear el primer bocado de un delicioso plato de pasta. Si te esfuerzas, verás que hay miles de momentos en tu vida diaria en los que sientes estos pequeños placeres.

A continuación, haz una lista de por lo menos diez pequeños placeres que encuentres en tu vida diaria. No busques cosas grandes, ¡enfócate en lo pequeño!

1. _____

2. _____

3. _____

4. _____

5. _____

6. _____

7. _____

8. _____

9. _____

10. _____

Una vez hayas hecho esta lista, sigue pensando en esta idea de los pequeños placeres. Discútela con tus amigos, pregúntales qué pequeñas cosas los hace felices a ellos. Mientras más pienses en esto, ¡más te esforzarás por encontrar dichos placeres y mejor te sentirás!

2. VENCE EL ESTRÉS CON EL EJERCICIO

El ejercicio es una de las mejores maneras de vencer el estrés. No sólo nos relaja la mente y el cuerpo, sino que literalmente nos cansa, y nos ayuda a descansar mejor. Al enfocarnos en algo físico, nos desconectamos de los problemas mentales que nos agobian, y a su vez éstos pierden un poco de su importancia.

Ya sé, a todos de vez en cuando nos da pereza hacer ejercicio. Con el ritmo agitado de la vida moderna, el cansancio que acumulamos y las diversas responsabilidades que tenemos con la familia, el trabajo y los amigos, muchas veces es difícil encontrar la motivación para hacer ejercicio. Pero la clave está en darte cuenta de lo que realmente *puedes* hacer. De nada sirve proponerte ir al gimnasio todos los días si desde un punto de vista realista, sólo podrías ir dos veces. Necesitas fijarte metas realistas, ¡pero sobre todo metas que puedas disfrutar! No te *obligues* a ti mismo a ir a trotar en las mañanas si realmente odias trotar. Más bien inscríbete a una clase de yoga, o ¡ve a nadar! Busca algo que te *guste* hacer, no algo que creas que *debes* hacer. ¡Es la única manera de lograr que lo hagas!

EJERCICIO:
Tu plan de ejercicio

Tienes que hacer que el ejercicio se vuelva una prioridad en tu vida. Tienes que hacer un compromiso contigo mismo, y darle la misma importancia que le das a todas las demás tareas de tu vida. Es vital para tu salud, tu estado de ánimo, y tu nivel de energía.

1. Antes que nada, piensa en qué tipo de ejercicio te gusta hacer. Cuando eras pequeño, ¿hacías algún tipo de deporte? ¿Te gustaba? ¿Te disgustaba?

_____

_____

_____

_____

2. Si hacías un deporte que te gustaba, ¿tienes manera de volver a hacerlo ahora? Si no, ¿hay algún deporte similar que puedas practicar? Por ejemplo, si te gustaba jugar baloncesto cuando pequeño, quizás puedas intentar trotar como ejercicio.

_____

_____

_____

_____

_____

3. Ahora encontremos *cuándo* puedes hacer ejercicio. Mira tu listado de actividades de la página 158. ¿Qué días de la semana puedes dedicar a hacer ejercicio? ¿A qué horas? Intenta encontrar por lo menos tres días a la semana en los que puedas dedicarle por lo menos una hora a hacer ejercicio.

_____

_____

_____

_____

4. Ahora que ya sabes qué tipo de ejercicio quieres hacer, y cuándo lo puedes hacer, te sugiero que encuentres un compañero de ejercicio. Un compañero de ejercicio es alguien (ya sea tu pareja, un amigo o un colega) que te acompañe a hacer ejercicio y que te anime a seguir adelante con tu plan de ejercicio. Pregúntale a una persona (o a varias, ya que no todo el mundo puede a las mismas horas que tú) si quiere hacer ejercicio contigo. Verás como se ayudarán mutuamente a no dejar de ir, y además se divertirán juntos en el proceso.

El ejercicio es vital para tu salud, tu estado de ánimo
y tu nivel de energía.

Posibles ejercicios

Aquí te ofrezco una lista de ejercicios que te pueden interesar. Pero dependiendo de dónde vives, estoy segura que puede haber muchos más. Infórmate en el gimnasio local, o pregúntales a tus amigos y compañeros de trabajo qué les gusta hacer a ellos, y así encontrarás más actividades de las que puedes escoger.

- Caminar

- Trotar

- Nadar

- Yoga

- Tai chi chuan

- Tenis

- Ir al gimnasio

- Aeróbicos

- Montar bicicleta

- Patinar

- Golf

- Squash

¡Buena suerte en tu nueva aventura! Muy pronto comenzarás a recolectar los beneficios del ejercicio: te sentirás más sano en tu cuerpo y en tu mente, ¡y lo disfrutarás enormemente! ¡Te lo garantizo!

3. CUIDA TU CUERPO

El ejercicio no es lo único que hace que te sientas mejor físicamente. También es importante alimentarte bien y fijarte en lo que comes. Además, al hacer ejercicio y tener una buena alimentación, podrás controlar también tu peso. Esto es importante no solamente en términos de tu salud, sino también de tu autoestima. ¿A quién le gusta sentirse malsano y tener unas libras de más? ¡A nadie! Al cuidar tu cuerpo, estás cumpliendo con el requisito más importante de todos: el de cuidarte a ti mismo. Si nos sentimos bien en nuestros cuerpos, nos sentimos bien en nuestras vidas, y no hay nada más importante que eso para alcanzar la verdadera felicidad.

Tu dieta

En la medida en que empieces a hacer ejercicio con regularidad, verás como muy probablemente te darán ganas de comer más saludable. Parece un milagro, ¡pero es verdad! Cuando comenzamos a cuidar nuestro cuerpo, sentimos la necesidad de cuidar también lo que ingerimos.

EJERCICIO:
Dime qué comes y te diré...

Antes de comenzar a cambiar tu alimentación, es importante saber cómo te estás alimentando ahora. Muchas veces, por andar tan deprisa por la vida, ni nos damos cuenta de lo que comemos, y de lo poco balanceadas que son nuestras comidas. Por eso te invito a que a lo largo de esta semana, lleves un diario de comidas. Es decir, quiero que anotes absolutamente todo lo que comes, y la hora en la que lo comes. Haz una lista detallada de cada comida que consumes y recuérdate también de anotar las bebidas. Al final de la semana, tendremos una idea clara de cómo estás comiendo.

Por ejemplo

Comida	Hora	¿Qué comí? ¿Qué bebí?
Desayuno	7:00 A.M.	-un bol de cereal con leche (no descremada) -un vaso de jugo de naranja
Merienda	10:00 A.M.	-un donut
Almuerzo	1 P.M.	-pollo frito y ensalada -coca cola
Merienda	4 P.M. y 5 P.M.	-primero una manzana y después unas papas fritas
Comida	8 P.M.	-arroz con pollo -cerveza -helado

DÍA 1

Comida	Hora	¿Qué comí? ¿Qué bebí?
Desayuno		
Merienda		
Almuerzo		
Merienda		
Cena		

223

DÍA 2

Comida	Hora	¿Qué comí? ¿Qué bebí?
Desayuno		
Merienda		
Almuerzo		
Merienda		
Cena		

DÍA 3

Comida	Hora	¿Qué comí? ¿Qué bebí?
Desayuno		
Merienda		
Almuerzo		
Merienda		
Cena		

DÍA 4

Comida	Hora	¿Qué comí? ¿Qué bebí?
Desayuno		
Merienda		
Almuerzo		
Merienda		
Cena		

DÍA 5

Comida	Hora	¿Qué comí? ¿Qué bebí?
Desayuno		
Merienda		
Almuerzo		
Merienda		
Cena		

DÍA 6

Comida	Hora	¿Qué comí? ¿Qué bebí?
Desayuno		
Merienda		
Almuerzo		
Merienda		
Cena		

DÍA 7

Comida	Hora	¿Qué comí? ¿Qué bebí?
Desayuno		
Merienda		
Almuerzo		
Merienda		
Cena		

REFLEXIONA:
Tu dieta

Bueno, ahora analicemos tu dieta. En términos generales, ¿sueles saltarte comidas? ¿Cuáles?

_____

_____

_____

¿Comes mucho en las meriendas?

_____

_____

¿Cuántas frutas y verduras sueles consumir al día?

_____

_____

¿Cuántos vasos de agua bebes al día?

_____

_____

¿Cuáles son las comidas que más disfrutaste?

_____

_____

¿Cuáles son las que menos disfrutaste?

_____

_____

Comer bien no tiene que ser un esfuerzo inmenso. Los miles de artículos de revista y libros que se publican acerca del tema de la nutrición suelen hacer que parezca mucho más difícil de lo que es. Hay un sinnúmero de modas pasajeras: un día se dice que la clave está en no comer grasas, otro día se dice que lo que hay que evitar son los carbohidratos, y otro se dice que lo importante es comer pocas calorías… Con tanta información cualquiera se pierde y se confunde. Pero la nutrición no tiene por qué ser cosa de brujos. La clave está en ser equilibrado. De nada te sirve dejar de comer pan, si eso te va a hacer comer cantidades alarmantes de carne. Igualmente, de nada sirve comer muchas frutas, si dejas de comer proteínas. Lo importante es llevar una dieta balanceada y variada.

En lugar de ofrecerte un plan de comidas que te diga exactamente qué comer a qué hora, quiero darte algunas reglas generales que sin duda te ayudarán a mantener el equilibro y la diversidad en lo que comes. No son nada complicadas, pero si las aplicas a diario, el reto de comer sanamente dejará de ser un esfuerzo más en tu vida.

1. **No te saltes comidas.** Hay veces que por estar muy deprisa en el trabajo o muy cansado al final del día, nos saltamos una comida. ¡Y no puede haber nada más dañino! Para utilizar una metáfora muy común, imagina que tu cuerpo es un auto. Si no le echas gasolina, ¡no puede andar! Es así de simple. Necesitas tener "el combustible" necesario para poder funcionar adecuadamente durante el día. Si no, te sentirás más cansado, desanimado y muchas veces deprimido. Lo más importante, NUNCA te saltes el desayuno. Es la comida más importante del día, la que te dará la energía que nece-

sitarás para llegar hasta el almuerzo. Si no comes en la mañana, lo más probable es que tengas hambre todo el día, ¡y tendrás ganas de comer sin parar!

2. **Come de todo.** En cada comida, intenta comer una fruta o verdura, una proteína y una harina. Cada alimento cumple una función esencial, y es la mezcla de todos la que te dará el nivel de energía que necesitas para sentirte bien todo el día. Asegúrate que cada porción sea de un tamaño razonable (los expertos recomiendan que la porción ideal es del tamaño de la palma de tu mano) y variada. No comas siempre los mismos alimentos. Varía las verduras, las proteínas y las harinas para no siempre comer lo mismo. Esto no sólo te hará la experiencia más placentera, sino que acostumbrará tu sistema digestivo a utilizar todas sus funciones.

3. **Come despacio.** A veces es difícil encontrar el momento de almorzar o desayunar, y por eso muchos de nosotros nos comemos un sandwich a toda velocidad frente a la computadora del trabajo, lo que nos deja sintiéndonos llenos, pero insatisfechos. Es importante tomarse el tiempo de masticar despacio, saborear cada bocado y disfrutar de la experiencia de comer. El comer despacio no sólo te ayudará a sentirte menos pesado después de una comida, sino que también te dará un momento de descanso para pensar en otra cosa. Date el tiempo de comer, y verás que lo disfrutarás mucho más.

4. **Toma agua.** Sí, todo el mundo lo dice, pero es lo más cierto del mundo: Necesitas tomar agua. Los médicos recomiendan tomar ocho vasos de agua para mantenerse hidratado. Así como la comida es la gasolina que te mantiene andando, el agua es como el aceite: es lo que hace que todos los órganos funcionen como se debe.

5. **Come con frecuencia.** En lugar de comer mucho cada vez que te sientas a comer, intenta comer pequeñas porciones varias veces al día. Algunos expertos en nutrición recomiendan que lo mejor es comer algo cada tres horas, así que lleva un paquete de nueces o queso para picar cada vez que te de algo de hambre. Te ayudará a mantenerte satisfecho durante el día, y así cuando te sientes a almorzar o a cenar, no sentirás la necesidad de comer demasiado.

Siguiendo estos consejos generales, te invito a que te inventes tu propio plan de comida. Te recuerdo, no tiene que ser extremadamente riguroso. Pero siempre y cuando mantengas estas sencillas reglas en mente al afrontar cada comida del día, lograrás organizar y a la vez mejorar tu alimentación diaria.

EJERCICIO:
Plan de comida

DÍA 1

Comida	Hora	Comida/bebida
Desayuno		
Merienda		
Almuerzo		
Merienda		
Cena		

DÍA 2

Comida	Hora	Comida/bebida
Desayuno		
Merienda		
Almuerzo		
Merienda		
Cena		

DÍA 3

Comida	Hora	Comida/bebida
Desayuno		
Merienda		
Almuerzo		
Merienda		
Cena		

DÍA 4

Comida	Hora	Comida/bebida
Desayuno		
Merienda		
Almuerzo		
Merienda		
Cena		

DÍA 5

Comida	Hora	Comida/bebida
Desayuno		
Merienda		
Almuerzo		
Merienda		
Cena		

DÍA 6

Comida	Hora	Comida/bebida
Desayuno		
Merienda		
Almuerzo		
Merienda		
Cena		

DÍA 7

Comida	Hora	Comida/bebida
Desayuno		
Merienda		
Almuerzo		
Merienda		
Cena		

¡Buen apetito!

4. PRUEBA ALGO NUEVO

Una de las maneras más efectivas de aumentar tu felicidad en la vida es probando algo nuevo. La vida es un viaje que cambia constantemente, por lo cual si te mantienes siempre en el mismo lugar, jamás lograrás llegar a ninguna parte. Una gran parte de vivir es experimentar y hacer cosas que no siempre nos hacen sentir cómodos.

Ya sea aprender a cocinar, hacer paracaidismo o aprender a bailar flamenco, todos tenemos en la vida esas cosas que quisiéramos hacer, pero que no nos hemos atrevido porque pensamos que ya estamos viejos, que es muy tarde, o que nunca seríamos capaces... Pues este es el momento de cambiar esa creencia. Al intentar algo nuevo, abrirás tu vida a un mundo de posibilidades y de personas que jamás habrías encontrado si no fuera porque te atreviste.

EJERCICIO:
Prueba algo nuevo

En la vida tienes dos opciones: te puedes lamentar porque no eres feliz, o puedes hacer algo al respecto. El simple hecho de que estés leyendo este libro en este momento, es prueba de que tú perteneces al segundo grupo. Así que para ampliar tus horizontes y encontrar nuevas maneras de retarte a ti mismo, te invito a que encuentres algo que quisieras hacer, pero que nunca te has atrevido.

He aquí una lista de cosas nuevas que puedes intentar. Busca algo que te guste, o piensa en otras cosas que no estén incluidas aquí. Recuerda, no hay límite a lo que tú puedes lograr. ¡Lo único que necesitas hacer es proponértelo!

- Tomar clases de cocina

- Aprender a volar avioneta

- Tomar clases de fotografía

- Escribir un libro

- Tomar clases de baile (por ejemplo de tango, flamenco, danza africana, jazz o salsa)

- Aprender a tocar guitarra

- Redecorar tu apartamento/casa

- Aprender a pintar

- Tomar clases de paracaidismo

- Aprender a hablar otro idioma

- Irte de viaje a un país lejano

- Estudiar una segunda carrera en la universidad

- Tomar clases de informática

- Entrar a un grupo de teatro

- _____

- _____

- _____

- _____

- _____

REFLEXIONA:
¿Qué quieres probar tú?

¿Cuál(es) de estas metas quisieras proponerte?

_____

_____

_____

_____

¿Qué necesitas hacer para comenzar a lograrlas?

_____

_____

_____

_____

Utiliza lo que has aprendido en el Capítulo 6 como técnicas para aprender a fijarte metas. Determina primero cuál es tu meta, ponte un plazo, y
luego busca las mini metas que necesitas proponerte para alcanzar tu
meta final.

_____

_____

_____

_____

_____

_____

_____

_____

_____

_____

_____

_____

5. VIVE UNA VIDA CON SENTIDO

Da felicidad, y recibirás felicidad. Es así de simple. La gente que da a los demás es más feliz. Ser amable con los demás hace que nos sintamos útiles e importantes. El relacionarnos con los demás, ayudarles y escucharlos, nos hace conectar con ellos a un nivel puramente humano, y eso le da sentido a nuestra existencia.

Hay muchas formas de dar. Puede ser simplemente siendo amable con la cajera del supermercado, o siendo voluntario en un centro de ancianos. Puedes ayudarle a adultos en tu comunidad a aprender a leer y escribir, o puedes ser mentor de un joven de bajos recursos. Sea cual sea la actividad que elijas para acercarte a los demás, concéntrate en que sea algo que se ajuste a tus valores personales y a tus creencias.

Da felicidad, y recibirás felicidad.

REFLEXIONA:
Elije tus actos bondadosos

La bondad es algo que nos viene espontáneamente. Es difícil sentarse a planear maneras de ayudar o de ser amable con los demás: la bondad suele surgir en situaciones inesperadas. Por ejemplo, cuando ocurrieron los actos terroristas del 11 de septiembre en Nueva York, los habitantes de la ciudad se unieron de formas nunca antes vistas. En los momentos de necesidad, hubo quienes compartieron sus hogares con extraños, quienes arriesgaron sus vidas por salvar a un desconocido, quienes lloraron por personas que jamás habían visto.

Pero aunque la bondad es en su esencia un acto espontáneo, podemos sin embargo fijarnos algunas metas de actos bondadosos que quisiéramos llevar a cabo. En el siguiente espacio, reflexiona acerca de las maneras en que quisieras incorporar actos bondadosos a tu vida diaria, ya sea sonriéndole más a quienes encuentras en tu camino, o haciéndote voluntario en alguna organización. Reflexiona, y verás que el sólo hecho de materializar estos pensamientos de actos bondadosos en tu cabeza te hará sentirte más feliz y conectado con los millones de personas valiosas que se encuentran a tu alrededor.

_____

_____

_____

_____

_____

_____

_____

_____

_____

_____

_____

_____

_____

Sentirse agradecido

Por último en este capítulo, quisiera que nos detengamos un momento a pensar en las cosas por las cuales nos sentimos agradecidos en la vida. Es tan fácil pasarse la vida enfocándose sólo en lo negativo y en los problemas que nos molestan. En nuestro afán de "ser felices" olvidamos las cosas por las cuales ya somos felices. Sin embargo, estoy segura de que hay un sinnúmero de cosas por las cuales te sientes agradecido. Por tu familia, por el amor de tu vida, por las oportunidades que has tenido o por la cama en que duermes cada noche. Así como en este capítulo te enseñé a pensar en los pequeños placeres de la vida diaria, quisiera ahora que te enfoques en las pequeñas cosas por las que estás agradecido. Verás que son muchas más de las que te imaginas.

La felicidad es esa tonta zanahoria que todos perseguimos, olvidando que no es un fin sino una consecuencia.

—*Carmen Posadas*

EJERCICIO:

Agradezco...

¿Qué te hace sentir agradecido? ¿Qué elementos de tu vida te hacen sentir afortunado? A continuación, enumera las cosas que te hacen apreciar la vida que tienes, y agradécelas. Al hacerlo, no sólo te reconectarás con los aspectos positivos de tu vida, sino que te darás crédito a ti mismo por lo que has logrado y la suerte que has tenido.

1. _____

2. _____

3. _____

4. _____

5. _____

6. _____

7. _____

8. _____

9. _____

10. _____

Unas últimas palabras

Ahora que has terminado de franquear el último de mis 7 pasos para ser más feliz, espero que sientas que has logrado incorporarlos todos a tu vida y tu rutina diaria. Te felicito por tu perseverancia. Has llegado al final del camino, y tengo la certeza de que has crecido en el proceso. Gracias por abrirme tu corazón y por depositar tu confianza en mí. Te deseo lo mejor para que muy pronto te encuentres disfrutando de una vida colmada de satisfacción y mucha, mucha felicidad.

AGRADECIMIENTOS

Este libro ha sido diferente de todos los otros que he escrito. Al crear este cuaderno acompañante, cosa que nunca antes había hecho para uno de mis libros, me concentré en reunir mis mejores y más potentes tácticas para alcanzar ese sueño eterno que todos compartimos: el de ser más felices. El resultado ha sido un cuaderno en el cual tú hablas más que yo; en el cual el poder de tus propias reflexiones es la llave que te abrirá las puertas de la felicidad. Espero que este cuaderno te ayude a encontrar tu voz. Por mi parte, yo quisiera expresar mi gratitud y reconocimiento a todas las maravillosas personas que me ayudaron a encontrar la mía durante la creación de este libro.

Muchos han contribuido a que este libro sea la ayuda emocional y espiritual que vislumbré hace tanto tiempo. A poder vencer los temores y ser todo lo que pueden ser cada uno de ustedes... y ser felices. Mis agradecimientos están dirigidos principalmente a aquellos que me ayudaron a enfrentarme a mis propios temores y lograr vencerlos.

Agradezco a Andrea Montejo, que con la paciencia que lo engalana, se sentó horas y horas conmigo con el propósito de escuchar, y organizar mis pensamientos y experiencias de una forma magistral. Agradezco a mis editoras Milena Alberti-Pérez y Jackeline Montalvo por extender y respaldar con sus ideas creativas el enfoque de este tema. A Diane Stockwell, mi agente literaria, por mantenerme con el ojo en la meta con sus suaves pero firmes "empujoncitos". En cada uno de mis libros sus consejos han sido acertados.

Tengo a la vez que agradecer a mis hijos Eric y Maggie, que a diario me retan a vencer los obstáculos y sonreír conmigo cuando logro vencerlos. A mi hija Liza, que aun en la distancia me ayuda a comprender que tengo una amiga además de una hija. A mi hijo Carl, que con los relatos de sus experiencias personales ha contribuido a muchas de las estrategias compartidas en este libro.

A todos, mil gracias.

APÉNDICE: RECURSOS

ABUSO SEXUAL DE NIÑOS Y ADULTOS   800-656-HOPE (4673)

AIDS HOTLINE
Línea de emergencia e información en español
sobre el SIDA   800-344-7432

AIDS CLINICAL TRIALS
Tratamientos experimentales contra el SIDA   800-874-2572

AIDS TREATMENT
Tratamiento del SIDA   800-448-0440

AL-ANON
Asistencia para parientes de alcohólicos   888-425-2666

ALATEEN
Asistencia para parientes de adolescentes alcohólicos 888-425-2666

ALCOHOL Y DROGAS/LÍNEA DE
REFERENCIA   800-729-6686

ALCOHOL, DRUG & PREGNANCY HELPLINE
Línea de ayuda para el uso de drogas y alcohol
en el embarazo   800-638-2229

ALZHEIMER'S DISEASE
Enfermedad de Alzheimer   800-438-4380

AMERICAN CANCER SOCIETY
Asociación Americana del Cáncer   800-227-2345

AMERICAN COUNCIL FOR
DRUG EDUCATION
Consejo Americano para la Educación Sobre las Drogas   800-488-3784

AMERICAN COUNCIL OF THE BLIND
Consejo Americano de los Ciegos   800-424-8666

AMERICAN HEART ASSOCIATION
Asociación Americana del Corazón   800-242-8721

AMERICAN LUNG ASSOCIATION
Asociación Americana del Pulmón   800-586-4872

AMERICAN SOCIETY FOR DEAF CHILDREN
Sociedad Americana para los Niños Sordos   800-942-2732

NATIONAL INSTITUTE OF MENTAL HEALTH'S
ANXIETY HOTLINE
Ansiedad/Línea de ayuda del Instituto Nacional
de la Salud Mental   888-826-9438

ASSOCIATION OF
BIRTH DEFECT CHILDREN
Asociación de niños con defectos
congénitos   800-221-6827 (pedir hablar con Rosemary Garza)

AYUDA MÉDICA GRATUITA   800-473-3003

CHILDREN OF ALCOHOLIC PARENTS
Hijos de padres alcohólicos   800-359-2623

CHILDREN WITH ATTENTION DEFICIT DISORDER
Niños con el trastorno de déficit de atención e
hiperactividad   800-233-4050

COCAINE ANONYMOUS
Asistencia para adictos a la cocaína   800-347-8998

COCAINE HOTLINE
Cocaína/Línea de emergencia
e información   800-262-2463 / 800-347-8998

COVENANT HOUSE CRISIS HOTLINE
Línea de ayuda para jóvenes sin hogar   800-999-9999

DIABETES HELPLINE
Línea de ayuda para los diabéticos   800-860-8747

DUAL RECOVERY ANONYMOUS
Para adictos a las drogas con problemas
emocionales o psicológicos   800-909-9372

SEXUALLY TRANSMITTED DISEASE HOTLINE
Enfermedades Venerias/Línea de ayuda   800-227-8922

FAMILIES ANONYMOUS
Para parientes de adictos a las drogas, alcohólicos
y personas con problemas psicológicos o emocionales   800-736-9805

GAY & LESBIAN NATIONAL HOTLINE
Homosexuales/Línea de ayuda   888-843-4564

GIRLS AND BOYS TOWN
Organización para niños abusados, abandonados
o discapacitados   800-448-3000

HEPATITIS HOTLINE
Hepatitis/Línea de ayuda   800-223-0179

HISPANIC PRENATAL HOTLINE
Para mujeres hispanas que están embarazadas
o están planificando un embarazo   800-504-7081

MARIJUANA ANONYMOUS
Marijuana/Línea de ayuda   800-766-6779

NATIONAL CHILD ABUSE HOTLINE
Línea de ayuda para niños maltratados   800-422-4453

NATIONAL COUNCIL ON PROBLEM GAMBLING
Para los adictos al juego   800-522-4700

NATIONAL DOMESTIC VIOLENCE HOTLINE
Violencia doméstica/línea de ayuda   800-799-7233

NATIONAL DOWN SYNDROME SOCIETY
Sociedad Nacional del Síndrome de Down   800-221-4602

NATIONAL MIGRANT EDUCATION HOTLINE
Trabajadores emigrantes/Línea de ayuda   800-234-8848

**NATIONAL INSTITUTE
OF MENTAL HEALTH**
Instituto Nacional de la Salud Mental   800-421-4211

NATIONAL MENTAL HEALTH ASSOCIATION
Asociación Nacional de la Salud Mental   800-969-6642

OFFICE OF MINORITY HEALTH
Oficina de Salud para las Minorías   800-444-6472

PARENTS ANONYMOUS
Padres bajo estrés/Línea de ayuda   800-352-0528

PLANNED PARENTHOOD
Planificación familiar   800-230-7526

RAPE, ABUSE, AND INCEST NATIONAL NETWORK
Para víctimas de abuso sexual   800-656-4673

SEX ADDICTS ANONYMOUS
Para los adictos al sexo   800-477-8191

STUTTERING FOUNDATION OF AMERICA
Fundacion de tartamudos   800-992-9392

NATIONAL SUICIDE PREVENTION LIFELINE
Suicidio/Línea de crisis   800-273-8255

SUSAN G. KOMEN
BREAST CANCER FOUNDATION
Fundación Susan G. Komen Contra el Cáncer del Seno   800-462-9273

VICTIMS OF INCEST
Víctimas del incesto   800-786-4238

Sentidos agradecimientos a los siguientes doctores yuniversidades por su consentimiento de reimprimirlas siguientes pruebas psicológicas:

La escala de la satisfacción con la vida está impresa con permiso del Dr. Edward Diener.

La escala de autoestima está impresa con permiso del Dr. Morris Rosenberg, reimpreso de Rosenberg, Morris. *Society and the Adolescent Self-Image,* edición revisada. Middletown, CT: Wesleyan University Press, 1989.

El cuestionario de preocupaciones de Penn State está reimpreso de la revista *Behaviour, Research, and Therapy,* 28 (6), Meyer, Miller, Metzger, & Borkovec, "Development and Validation of the Penn State Worry Questionnaire," págs. 487–495, Copyright © 1990, con permiso de Elsevier.

El ejercicio de restructuración cognitiva está reimpreso del libro *Mind Over Mood* de Dennis Greenberger y Christine Padesky, © 1995, The Guilford Press, New York, New York. Reimpreso con permiso de The Guilford Press.

TAMBIÉN POR LA DRA. ISABEL

"Mi motivación para escribir este libro, más que nada, es que los seres humanos se den cuenta de que tienen el poder dentro de sí mismos de hacer cambios en su vida. Con este libro te daré las herramientas para cambiar tu vida y encontrar la felicidad en tu interior."
—Dra. Isabel

LOS 7 PASOS PARA SER MÁS FELIZ

La felicidad es el tesoro más codiciado del mundo. Todos anhelamos ser más felices, pero ¿cuál es el camino que debemos tomar para lograrlo? En su cuarto libro, la Dra. Isabel, anfitriona del programa de consejos más popular en Univision Radio, te brinda enseñanzas, ejercicios y tácticas para alcanzar más felicidad en tu vida. En *Los siete pasos para ser más feliz*, la Dra. Isabel te ayudará a explorar cómo tu pasado influye en tu felicidad hoy en día; identificar la raíz de las emociones que te hacen daño; desprenderte de tu voz interior negativa con afirmaciones positivas; disminuir tus preocupaciones y tu estrés; tomar el control de tu diario vivir; reconectarte contigo mismo, con tus amigos, con tus familiares y con Dios, y mucho, mucho más. Una gran cantidad de energía y tiempo no es necesaria para que comiences a cosechar los beneficios de la felicidad. Con las tácticas sencillas pero efectivas de la Dra. Isabel, ¡podrás reclamar tu derecho a una vida plena de entusiasmo y satisfacción!

Autoayuda/978-0-307-27657-5

VINTAGE ESPAÑOL
Disponible en tu librería favorita, o visite
www.grupodelectura.com